Viktor E. Frankl/Franz Kreuzer
Im Anfang war der Sinn

SERIE PIPER
Band 520

Zu diesem Buch

»Mit vier Jahren muß es gewesen sein, daß ich eines Abends, kurz vor dem Einschlafen, aufschreckte, und zwar von der Einsicht aufgerüttelt, eines Tages würde auch ich sterben müssen. Was mir aber zu schaffen machte, war eigentlich zu keiner Zeit meines Lebens die Furcht vor dem Sterben, vielmehr nur eines: Die Frage, ob nicht die Vergänglichkeit des Lebens dessen Sinn zunichte macht. Und die Antwort auf die Frage, zu der ich mich schließlich durchzuringen vermochte, war die folgende: In mancher Hinsicht macht der Tod das Leben überhaupt erst sinnvoll.«

Diese autobiographische Mitteilung des Begründers der Logotherapie kennzeichnet einen Wissenschaftler und Therapeuten, dessen Hauptziel es immer war, den Menschen bei der Sinnfindung zu helfen. Frankl ist – trotz, ja wegen seiner Erfahrungen in den Konzentrationslagern des Dritten Reiches – davon überzeugt, daß es den Sinn des Lebens wirklich gibt.

Von seinem Leben, seinen Erfahrungen, seiner Arbeit als Therapeut und von der Logotherapie handelt dieses Buch. Es enthält zwei Gespräche zwischen Viktor E. Frankl und Franz Kreuzer, außerdem einen Vortrag Frankls und einen Text über Logotherapie. Die Gespräche wurden vom ORF bzw. vom ZDF (in der Reihe »Zeugen des Jahrhunderts«) ausgestrahlt.

Viktor E. Frankl, geboren 1905 in Wien, Dr. med., Dr. phil., Professor für Neurologie und Psychiatrie an der Universität Wien, zugleich Professor für Logotherapie an der US International University in San Diego (Kalifornien). Er hatte außerdem Professuren an der Harvard University, der Stanford University sowie an den Universitäten von Dallas und Pittsburgh inne. Vortragsreisen, zu denen ihn insgesamt 188 Universitäten eingeladen hatten, führten Frankl nach Amerika, Australien, Asien und Afrika. Seine 27 Bücher sind in 20 Sprachen erschienen. Frankls erste Publikation erschien auf Veranlassung von Sigmund Freud bereits 1924 in der »Internationalen Zeitschrift für Psychoanalyse«. (Zu seinen Veröffentlichungen vgl. »Lieferbare Werke von Viktor E. Frankl« im Anhang dieses Buches.)

Franz Kreuzer, geboren 1929 in Wien, bis 1966 Reporter, Ressortchef und Chefredakteur der »Arbeiterzeitung«, bis 1974 Chefredakteur des aktuellen Dienstes beim ORF, bis 1978 Intendant des 2. Fernsehprogrammes, seit 1979 Chefredakteur, seit 1984 Informations-Intendant des ORF, seit 1986 österreichischer Bundesminister für Gesundheit und Umweltschutz.

Viktor E. Frankl/Franz Kreuzer

IM ANFANG WAR DER SINN

Von der Psychoanalyse zur Logotherapie

Piper
München Zürich

Von Viktor E. Frankl liegen
in der Serie Piper außerdem vor:
Die Sinnfrage in der Psychotherapie (214)
Der Mensch vor der Frage nach dem Sinn (289)
Die Psychotherapie in der Praxis (475)

Von Franz Kreuzer liegen in der Serie Piper außerdem vor:
Leben ist Lernen (mit Konrad Lorenz) (223)
Offene Gesellschaft – offenes Universum (mit Karl R. Popper) (476)

Dieses Buch ist die durchgesehene Ausgabe von
»Im Anfang war der Sinn –
Von der Logotherapie zur Psychoanalyse.
Franz Kreuzer im Gespräch mit Viktor E. Frankl«.

ISBN 3-492-10520-3
November 1986
R. Piper GmbH & Co. KG, München 1986
© Franz Deuticke Verlagsgesellschaft m.b.H. Wien 1982
Umschlag: Federico Luci,
unter Verwendung eines Fotos von Alfred Eisenstaedt, New York
Gesamtherstellung: Clausen & Bosse, Leck
Printed in Germany

Inhalt

Gespräch mit Viktor E. Frankl[*]

Kreuzer (K): Herr Professor, wo immer man auf den fünf Kontinenten dieser Erde unter halbwegs informierten Leuten den Namen Frankl nennt, bekommt man mit ziemlicher Sicherheit als Gedankenverbindung den Begriff »Sinn«. Dieser Zusammenhang ist eindeutiger als der von »Kneipp« und »Kaltwasser«. Wie ist es Ihnen gelungen, diese eindeutige Definition Ihrer Lehre mit dieser laserstrahlartigen Konzentration über die ganze Welt zu verbreiten, und wie sind Sie selber zum Sinn gekommen? Wie haben Sie Ihre eigene Lehre entdeckt?

Frankl (F): Ich glaube, man könnte sagen, daß ich meine Lehre zunächst einmal für mich selbst entdeckt habe. Man sagt ja für gewöhnlich, daß jeder, der ein System der Psychotherapie begründet hat, letzten Endes seine eigene Krankengeschichte geschrieben und darin niedergelegt hat. Man weiß, daß Sigmund Freud an kleinen Phobien gelitten hat, man weiß, daß Alfred Adler darunter gelitten hat, daß er als Kind nicht besonders kräftig und gesund war. So kam Freud zu seiner Lehre vom Ödipuskomplex, Adler zu seiner Lehre vom Minderwertigkeitsgefühl. Ich muß sagen, daß ich keine Ausnahme von dieser Regel bin. Ich bin mir dessen bewußt, daß ich als junger Mensch in den Reifejahren sehr mit dem Gefühl zu ringen hatte, daß letzten Endes vielleicht doch alles gänzlich sinnlos sei. Und dieses Ringen hat dann schließlich zu einem Sich-Durchringen geführt. Und ich habe gegen den eigenen Nihilismus ein Gegengift entwickelt.

K: Wann hat sich das abgespielt?

* Ausgestrahlt am 11. Januar 1980

7

F: In der Pubertät ...

K: Das heißt, Sie haben diese Lehre seither latent mit sich getragen.

F: Sie war präformiert, würde ich sagen. Sie hat sich nur begrifflich immer mehr herauskristallisiert. Sie mußte mit der Zeit, im Laufe der Jahrzehnte, zu einem System werden, damit sie eine lehrbare und lernbare Behandlungsmethode werden konnte. Aber innerlich mußte ich zunächst einmal den eigenen Nihilismus überwinden. Und das ist so bei jedem, der unter irgend etwas leidet – es muß ja keine Krankheit sein; Nihilismus, Sinnlosigkeitsgefühl ist ja wesentlich eine menschliche Leistung und keine Krankheit, keine Neurose, aber immerhin etwas, worüber man hinwegkommen muß. Und jenes Gedankengut, mit dessen Hilfe ich darüber hinwegkommen konnte, wollte ich nicht für mich behalten. Es ist selbstverständlich, daß man den Impuls fühlt, auch anderen so etwas mitzuteilen, auch anderen zu helfen. Und so wurde dieses System langsam, im Laufe von Jahrzehnten, entwickelt, und es ist nun so, daß man sich fragen muß: Woran leidet die Menschheit, woran leidet der durchschnittliche Mensch im Alltag heute am meisten? Leidet er noch so sehr unter den Folgen ödipaler Situationen? Leidet er heute noch so sehr unter den Nachwirkungen von Minderwertigkeitsgefühlen? Und dann kommt man darauf: Nein – heute und immer mehr hat sich generell ein Sinnlosigkeitsgefühl der durchschnittlichen Menschen bemächtigt. Und hier stellt sich die Frage: »Was hilft da?«, und da kann eine sinnorientierte, ja sinnzentrierte Psychotherapie wie die Logotherapie – Logos heißt ja Sinn in diesem Zusammenhang – unter Umständen sehr ins Spiel kommen. Wie die Amerikaner immer sagen: »It speaks to the needs of the hour« – sie spricht zu den Nöten der Zeit.

Eine Adresse, die Sigmund Freud auswendig wußte

K: Herr Professor, noch einmal zurück von der heutigen Menschheit zum jungen Frankl. Wie hat sich das bei Ihnen wissenschaftlich entwickelt? Sie waren damals Student, Sie waren junger Mediziner. Wie haben Sie sich zu Freud, zu Adler verhalten? Waren Sie zwischendurch Freudianer, Adlerianer, oder haben Sie all diese Stadien innerlich gleich übersprungen? Waren Sie schon immer *der Frankl*?

F: Sie kennen das biogenetische Grundgesetz von Ernst Haeckel, das zwar heute nicht mehr in Geltung ist, aber immerhin, demzufolge die Entwicklungsgeschichte des einzelnen Individuums in kurzer Form die Entwicklungsgeschichte des ganzen Stammes wiederholt. Und so ist es mir ergangen.

K: Ihre Ontogenese als Phylogenese der Wissenschaft ...

F: Ja, genau. Ich war zuerst sehr attachiert und sehr fasziniert von der Freudschen Psychoanalyse; ich bin als Obermittelschüler Jahre hindurch in ständiger Korrespondenz mit Sigmund Freud gestanden; es gab keinen Brief von mir, den er nicht sofort, innerhalb von achtundvierzig Stunden, beantwortet hätte, und einmal hab' ich ganz kühn und couragiert einem meiner Briefe ein kurzes Manuskript beigelegt und war ganz ganz überrascht, wie er dann geantwortet hat: Er hat das Manuskript, und er nimmt an, ich habe nichts dagegen, daß er es bereits an die Redaktion der *Internationalen Zeitschrift für Psychoanalyse* weitergeleitet habe. Dort ist es zwei Jahre später erschienen, im Jahre 1924, allerdings war ich da schon zu Alfred Adler abgeschwommen, zu den Individualpsychologen.

K: Studiert haben Sie nicht bei Freud?

F: Nein, er hat mich aufgefordert, mich an den damaligen Sekretär der Psychoanalytischen Gesellschaft zu wenden, damit ich Mitglied der Psychoanalytischen Gesellschaft werde. Der meinte, ich sollte lieber zuerst Medizin fertigstudieren, denn das könnte interferieren, und erst nach Beendigung des Medizinstudiums sollte ich zur Lehranalyse und dann zur Aufnahme in die Psychoanalytische Gesellschaft antreten. Wie gesagt, ich bin dann Freud einmal ganz zufällig begegnet, und ich hatte damals, im Jahre 1926, einen akademischen Verein für medizinische Psychologie begründet, mit Maximilian Silbermann und Fritz Wittels, dem ersten Biographen von Sigmund Freud. Ich kannte also Freud vorerst nur aus meiner Korrespondenz, dann bin ich ihm begegnet und stell' mich vor und sag': »Viktor Frankl« – und er sagt: »Czerningasse 6, Tür 25, im 2. Bezirk. Stimmt das?« Und ich sag': »Ja.« Auf die Türnummer genau hat's gestimmt. Das wußte er noch von der Korrespondenz mit mir.

Alfred Adler läßt einen Dissidenten ausschließen

Also immerhin, ich bin durch diese beiden Richtungen hindurchgewandert. Und dann wurde ich von Alfred Adler wegen Unorthodoxie ausgeschlossen, im Jahre 1927. Adler hat darauf bestanden. Ich war der Ansicht, daß ich mit meinen Ideen, mit meinen kritischen Ideen, noch immer Platz finden sollte in den Reihen der Individualpsychologen, aber er hat darauf bestanden, ich müßte ausgeschlossen werden. Spontan habe ich es nicht getan, ich habe absichtlich gewartet, bis man mich ausschließt.

K: Was war der Kern dieses Konflikts?

F: Ich war gemeinsam mit Rudolf Allers und Oswald Schwarz, die mich sehr, sehr nachhaltig beeinflußt haben, gegenüber dem Psychologismus, der nicht nur innerhalb der Psychoanalyse, sondern innerhalb der Individualpsychologie zumindest damals sehr, sehr tief gesessen ist, sehr verankert war, kritisch eingestellt. Das heißt, daß man etwas, was neurotisch ist, eo ipso für falsch hält; oder etwas, was falsch ist, einfach für neurotisch, für krank erklärt. Diese Begriffsverbindung, das fällt mir in dem Moment, provoziert durch Ihre katalytische Funktion, erst ein, reicht hinein bis in die gegenwärtige Problematik, in der man sich fragen muß: Massenneurose hin, Massenneurose her – ist das Verzweifeln an der scheinbaren Sinnlosigkeit des Daseins eine wirkliche Kollektivneurose? Und dann am Schluß kommt heraus: Es ist nichts Krankhaftes, es ist eine Dokumentation der geistigen Mündigkeit eines Menschen, aber nicht eine Manifestation von seelischer Krankheit. Das ist ja ganz wichtig, das muß man die Leute ja wissen lassen.

K: Ist Ihre damalige Kritik getroffen etwa von dem Witzwort: »Die Psychoanalyse ist die Krankheit, als deren Heilung sie sich ausgibt?«

F: Nicht direkt – ich bin übrigens überzeugt, daß Freud heute die Dinge ganz anders sehen würde. Die Epigonen sind ja viel orthodoxer, viel dogmatischer als die eigentlichen Gründer. Und ich hab' auch daraus gelernt. Ich habe anläßlich der Gründung des Instituts für Logotherapie und anläßlich der Eröffnung der »Frankl Memorabilia and Library« in Berkeley in Kalifornien – das ist eine Art Dokumentationszentrum – gesagt: »Meine Damen und Herren, die Logotherapie besteht noch gar nicht. Was ich versucht habe, ist eine Grundsteinlegung. Sie werden sie eigentlich erst aufbauen.« Und jetzt ist ein Buch erschienen, es heißt *Logotherapy in Action*, dreißig Autoren sind darin vertreten, hauptsächlich aus Amerika, die sich auf die Anwendung der Logotherapie spezialisiert haben, auf die verschiedensten Teilgebiete, und ich sage ausdrücklich im Vorwort, daß jeder etwas anderes sagt, im gewissen Sinne etwas sagt, was ich gar nicht zu unterschreiben bereit wäre, aber die haben das Recht dazu, die volle Freiheit, denn in der Logotherapie gibt es keine Orthodoxie.

Aus dem Dunkel aufsteigen, ins Dunkel absteigen

K: Herr Professor, Sie haben selbst den Vergleich mit Ontogenese und Phylogenese gebracht. Nach Haeckel die Wiederholung der Evolution der Gattung in der Evolution des Einzelwesens – auf Ihre Person bezogen. Nun ist die Ontogenese ja nicht ein Protokoll der gesamten Evolution, sondern nur ein Protokoll ihrer Erfolge, denn die Mißerfolge sind ja nicht übriggeblieben. Insofern wären Sie das Protokoll der Erfolge der Psychoanalyse und der Individualpsychologie. Was ist in Ihnen am Gesamterfolg von diesem halben oder dreiviertel Jahrhundert übriggeblieben? Was ist Ihrer Meinung nach das Bleibende an Freud, an Adler, das sich auch in Ihrer Lehre bestätigt?

F: Ich werde nicht müde zu betonen, daß die Psychoanalyse von Freud nicht nur historisch die Grundlage aller Psychotherapie, auch jeder künftigen Psychotherapie ist, sondern daß sie es auch bleiben wird. Aber im selben Atemzug muß man hinzusetzen, daß sie sich genauso wie jede Grundlage, jede Basis, wenn ein Gebäude auf ihr errichtet wird, immer mehr den Blicken entzieht. Das heißt, sie wird überbaut. Die Psychoanalyse und die

Individualpsychologie haben überlebt, und irgendwie werden sie überleben. Aber sie müssen überhöht werden. Man muß über sie hinausgehen.

K: Kann man noch festhalten, was denn dieses Wesentliche ist? Der Blick hinunter ins Unbewußte?

F: Genau. Das Wesentliche, würde ich sagen, ist das Bewußtmachen von Unbewußtem. Nur müssen wir uns auch dessen bewußt bleiben, daß letzten Endes wieder ein Unbewußtwerden folgen muß. Der Mensch muß sich gewisser Dinge bewußt werden, aus Gründen der Heilung, um sie aber am Schluß wieder hinabsinken zu lassen in die Unbewußtheit, in die Selbstverständlichkeit seiner Lebensvollzüge. Wenn das nicht geschieht, kommt es zu dem, was wir in der Logotherapie Hyperreflexion nennen. Das heißt, der Mensch beobachtet und belauert sich ununterbrochen: »Was war jetzt mein wirkliches Motiv – sicherlich nicht das, was ich geglaubt habe, sondern etwas anderes und sicher etwas Schlechtes, sicher etwas Unehrenhaftes.«

K: Die Psychoanalyse hat ja hier weitergehende Erkenntnisse dieses Jahrhunderts vorweggenommen: Evolutionstheorie, vergleichende Verhaltensforschung, Hirnphysiologie. Wir wissen ja heute sehr viel besser, als es Freud wissen konnte, wie groß der Anteil des Nichtbewußten etwa in unserem Gehirn und an unserem ganzen Schicksal ist. Das ist das eigentliche Verdienst. Aber es war, wie Sie sagen, in der Anfangsphase nicht bewältigt, man war von der Entdeckung des Unbewußten zu fasziniert, hat zu tief hinuntergeblickt in diese neu entdeckten Tiefen ...

Neurose als Religionsverlust?

F: ... und hat sich außerdem auf ganz bestimmte Kategorien von Inhalten beschränkt. Das war ja die große Tat nicht nur von Alfred Adler, sondern auch von C. G. Jung, daß sie den Bereich dessen erweitert haben, dessen sich speziell der neurotische Mensch bewußt werden muß. Freud hatte ja hauptsächlich frühkindliche, also infantile, traumatisierende Erlebnisse besonders aus der ödipalen Situation im Auge. Adler hat dann darüber hinaus, dadurch, daß er die Minderwertigkeitsgefühle eingebracht hat und damit auch schon gewisse Wertprobleme, dieses Gesichtsfeld erweitert. C. G. Jung, der dritte große Klassiker in der Geschichte der Psychotherapie, ist noch weitergegangen, insofern, als er im Unbewußten auch Dinge, die nicht nur sexuell waren, sondern bis ins Religiöse hinein den ganzen Menschen betrafen, an das Tageslicht gehoben hat: den Archetypus. Wir dürfen auch nie vergessen, daß C. G. Jung immerhin der erste war, der so früh in diesem Jahrhundert eine so kühne, so unorthodoxe These geäußert hat wie: Die Neurose sei das Leiden der Seele, die nicht ihren Sinn gefunden hat. Gewiß hat er es psychologistisch abgebogen, aber es war eine Pioniertat sondergleichen, die mit Recht in eine Reihe gestellt werden oder angereiht werden kann der großen Tat von Sigmund Freud und der folgenden Leistung von Alfred Adler.

K: Wie sehen Sie sich, Ihre Schule und Ihre Lehre in dieser Relation? Im klassischen Lehrbuch findet man ja diese drei Namen immer nebeneinandergestellt: Freud, Adler, Jung. Andererseits nennt man, und ich glaube zu Recht, Ihre Schule die dritte Wiener psychoanalytische Schule.

F: Die dritte Wiener Richtung der Psychotherapie.

K: Finde ich einen Schlüssel, etwa hier im Buch von Hans Küng – aus einem anderen Grund zur Zeit in aller Munde –, der Ihren Namen mit Jung und Fromm, als einer Richtung in der Überwindung der ursprünglichen Linien der Psychotherapie, in Zusammenhang bringt? Küng setzt das natürlich im besonderen mit der Religion in Beziehung und sagt, der große Unterschied bestünde darin, daß für Freud die Religion eine Kollektivneurose war, also etwas Negatives, zu Überwindendes, während von Jung an, und das mündet bei Ihnen, die Religion neu bewertet worden ist und somit der Religionsverlust als die Ursache der Neurose erscheint. Würden Sie diese Nachbarschaft von Jung und Fromm akzeptieren?

F: Ja, sehen Sie, die Frage, wie mein Verhältnis zu den anderen zwei oder drei Richtungen ist – vielleicht darf ich Sie darauf aufmerksam machen, daß ich in meinem ersten Buch, das bereits 1941 niedergeschrieben, aber erst 1946 publiziert wurde, auf der ersten Seite – ich glaube im ersten Absatz – etwas sage, was nicht von mir stammt – ich zitiere ausdrücklich Wilhelm Stekel, den

Freud-Schüler –, nämlich, daß ein Zwerg, der auf den Schultern eines Riesen steht, immerhin ein bißchen weiter sieht als der Riese selbst. Den Begriff dritte Wiener Richtung habe nicht ich geprägt, den hat Soucek in den vierziger Jahren geprägt und publiziert, andere haben es dann übernommen, jedenfalls sind es andere, die von der Logotherapie als dritter Wiener Richtung gesprochen haben. Das heißt nicht, daß durch sie die anderen Erkenntnisse aufgehoben worden sind. Sie sind überbaut und fortgesetzt worden in der richtigen Tradition, in der richtigen Linie. – Adler hat bereits die soziale Dimension zur sexuellen eingebracht, Jung hat in einem sehr vagen Sinne die religiöse Dimension einbezogen. Aber dort ist auch er selbst dem Fehler des Psychologismus verfallen; es würde zuweit führen, Ihnen dafür den Beweis anzutreten. – Übrigens Fromm, den Sie erwähnt haben, beziehungsweise den Küng erwähnt hat, der hat ja diese soziale Dimension, ich möchte sagen eine marxistische Dimension, noch mehr betont. Und dann Wilhelm Reich in seiner besonderen Art. Aber was jetzt die Problematik der Religion anlangt, so muß ich Ihnen gegenüber betonen, daß die Logotherapie Therapie ist, und zwar eine Psychotherapie, das heißt eine psychiatrische Behandlungsmethode – wenn sie auch in den Händen des Nichtpsychiaters unter Umständen indiziert ist. Und als solche ist sie ein säkulärer »approach«. Wenn Sie mich, Herr Kreuzer, als den Begründer der Logotherapie ansprechen, so werden Sie verstehen, daß ich darauf bestehen und nicht nur Wert darauf legen muß, daß die Logotherapie anwendbar ist auf jeden Patienten, den religiösen ebenso wie den irreligiösen. Ja mehr als das. Ich muß darauf bestehen, daß sie handhabbar bleibt in den Händen jedes Therapeuten, des Agnostikers genauso wie des gläubigen Therapeuten. Natürlich befassen wir uns auch vom Standpunkt der Logotherapie, besser gesagt der Logotheorie, mit dem Phänomen der Religiosität des Menschen, aber als einem wesentlich humanen, als einem menschlichen Phänomen. Sie können also fragen, legitim fragen: »Welchen Platz nimmt das Phänomen der Religiosität im Menschenleben, im Seelenleben des Menschen ein?« Aber Sie können nicht fragen: »Glaubt die Logotherapie an den lieben Gott?« Das ist eine illegitime Frage.

K: Wir kommen auf das Thema noch zurück. – Jetzt zum Praktischen. Ich glaube, ein Zuhörer will jetzt wissen: Wie spielt sich Logotherapie wirklich ab? Er hat teils aus populärwissenschaftlicher Literatur, teils aus Witzzeitungen eine Vorstellung von der Psychoanalyse, nämlich von einer Behandlungsart, bei der man auf der Couch liegt und nach dem Ödipuskomplex gefragt wird. Er weiß relativ wenig, wie sich das bei Adler abgespielt hat. Wie spielt es sich bei Ihnen ab? Wie wird man behandelt, wenn man von einem Logotherapeuten behandelt wird?

F: Herr Kreuzer, an diesem Schreibtisch saß mir gegenüber einmal, vor Jahr und Tag, ein amerikanischer Arzt. Der sagte: »Also Sie sind Psychoanalytiker?« Sag' ich: »Nicht genau Psychoanalytiker, sagen wir Psychotherapeut.« – »Was ist denn die Richtung, die Sie repräsentieren?« Sag' ich: »Das nennt sich Logotherapie.« – »Was ist der Unterschied zwischen Logotherapie und Psychoanalyse? Können Sie das in einem Satz sagen?« Sag' ich: »Bitte, sehr gern, aber sagen Sie mir zuerst in einem Satz, was Sie für das Wesen der Psychoanalyse halten.« Daraufhin sagt er: »Mein Gott, in der Psychoanalyse« – also auf englisch kommt das noch drolliger hervor –, »in der Psychoanalyse muß sich jemand auf eine Couch legen und Dinge sagen, die sehr unangenehm zu sagen sind.« Sag' ich: »Sehen Sie: In der Logotherapie darf man sitzenbleiben und muß sich unter Umständen Dinge anhören, die unangenehm zu hören sind.« Leider Gottes ist das in viele Lehrbücher in Amerika als eine authentische Definition des Wesens der Logotherapie eingegangen. Was es natürlich nicht ist. Es ist ein Bonmot. Aber etwas ist natürlich dran; das heißt, es wird in der Logotherapie der Patient oder der Klient konfrontiert nicht mit unbewußten verdrängten Inhalten seiner Sexualgeschichte etwa …

K: Die ist aber auch nicht ausgeklammert.

F: Aber absolut nicht. Die Sexualität ist eine ganz wesentliche Sache …

K: Auch Adlersche Aspekte der Überkompensation.

F: Auch nicht. Ich habe auch bei Adler und nicht nur bei

Freud publiziert, auf Einladung von Adler. Also Adler hat mich absolut als einen seiner Schüler anerkannt.

Wille zur Lust, Wille zur Macht, Wille zum Sinn

K: Kann man sagen, daß die früheren Themenkreise in Ihre Methode inkludiert sind, so daß sie drei Probleme umfaßt: den Willen zur Lust wie bei Freud, den Willen zur Macht wie bei Adler und nun den Willen zum Sinn?

F: Kann man sagen. Aber Sie sind sich dessen bewußt, daß das eine Übersimplifikation ist. Aber als solche kann man das sagen.

K: Kann man zu Ihnen kommen mit einem Ödipuskomplex? Was passiert da?

F: In einem meiner Bücher, der *Theorie und Therapie der Neurosen*, ist ein solcher Fall zum Beispiel in extenso angeführt, in dem es sich um eine reale ödipale Situation mit allen ihren Folgeerscheinungen gehandelt hat, auf die ich erst im Laufe einer Analyse gestoßen bin. Aber es ist nicht das Drum und Dran. Es ist nicht das Wesentliche. Für gewöhnlich sind ganz andere Dinge wesentlich. Der Patient wird nicht mit den unbewußten Inhalten aus der libidinösen Sphäre, aus der Libidogeschichte oder mit seinen Rivalitäten aus der Kindheit gegenüber seinen Geschwistern konfrontiert, sondern in der Logotherapie als sinnzentrierter Psychotherapie wird er unter Umständen damit konfrontiert – im strengen Sinne einer Analyse, allerdings in einem erweiterten Sinne –, was er seiner Selbstverwirklichung, den Sinnerfüllungsmöglichkeiten schuldig geblieben ist. Plötzlich beginnt sich sein Horizont zu erweitern, er wird dessen gewahr, daß Aufgaben da sind, die auf ihn warten, die er und vielleicht nur er allein erfüllen kann. Und es kommt zu einem Bewußtwerden des Verantwortlichseins, das ja ein Wesenszug menschlichen Daseins ist. Es kommt zu einem Aha-Erlebnis im Sinne von Karl Bühler. Auf einmal wird ihm klar: Ja, da muß etwas geschehen, das ist eine Situation, die ich nicht hinnehmen muß; ich muß meine Situation, ich muß die Welt verändern. – Solche Leute werden unter Umständen auch politisch aktiviert oder reaktiviert. Das heißt mit anderen Worten, sie erkennen, daß ein ganz konkreter Sinn auf sie als ganz konkrete Person in einer ganz konkreten Situation wartet.

Logotherapie – kein Allheilmittel

K: Tritt also die Logotherapie an die Stelle jeder anderen Psychotherapie?

F: Jede Therapie basiert auf einer Diagnose. Man könnte sagen, auf einer Differentialdiagnose. Der Mensch ist ein Wesen, das an drei Dimensionen teilhat: erstens an der leiblichen, der somatischen, organischen, zweitens an der psychischen, seelischen im engeren Wortsinn und drittens an der geistigen – das ist die spezifisch humane Dimension, die eigentlich menschliche Dimension. Nehmen wir als Beispiel eine Depression. Eine Depression kann sehr wohl eine organische Grundlage haben. Ob diese nun biochemisch ist oder ob eine Erbkomponente eine Rolle spielt, darauf wollen wir uns nicht einlassen. In so einem Fall muß die Therapie jedenfalls auch auf das Leibliche, auf das Somatische, auf das Biochemische eingestellt sein: Es wird also die Behandlung mit Pharmaka angezeigt sein. Und wenn auch heute – und zwar aus ideologischen Gründen – die Pharmakotherapie verteufelt wird, so wird Ihnen doch jeder erfahrene Psychiater – ich betone: ein Facharzt, nicht ein Psychologe – bestätigen, daß es an einen Kunstfehler grenzt, dem Patienten, der in einer endogen-depressiven Phase entsetzlich leidet, die Segnungen der modernen Pharmakotherapie vorzuenthalten.

K: Also dem, was Sie jetzt über die möglichen organischen Grundlagen psychischer Störungen und ihre Behandlung durch Pharmaka gesagt haben, würde jeder, der mit Vernunft Psychotherapie betreibt, zustimmen ...

F: Ja, und zwar unabhängig von der jeweiligen psychotherapeutischen Schulzugehörigkeit – aber umgekehrt auch abhängig davon, ob er über persönliche klinische Erfahrung verfügt und überhaupt einmal eine endogene Depression gesehen und erkannt hat. Das kann man ja diagnostisch ganz genau unterscheiden, die endogene von einer psychogenen oder reaktiven

Depression. Nun sind aber somatogene, endogene Depressionen eigentlich Psychosen. Eine Neurose im eigentlichen Sinn …

K: … ist eine psychische Krankheit ohne Organbefund.

F: Neurosen sind zurückzuführen auf Komplexe im psychoanalytischen Sinn, auf Konflikte im individualpsychologischen Sinn, auf traumatisierende Erlebnisse und so fort. In diesem Bereich kommen die anderen psychotherapeutischen Schulen sehr wohl zum Zug. Da hat die Logotherapie keinen monopolistischen Anspruch, davon kann keine Rede sein. Es gibt aber auch in diesem Bereich gewisse Zirkelformationen, die eine ganz große Rolle in der Entstehung von Neurosen spielen, und hier kommt nun die Logotherapie zum Zug, und zwar mit einer Technik, die ich bereits Ende der zwanziger Jahre entwickelt habe, die sogenannte paradoxe Intention.

K: Aus dem, was Sie sagen, geht vorerst hervor: Es gibt eigentlich keine Schule der Psychoanalyse oder Psychotherapie, die Sie in einem Gesamtbehandlungskonzept ganz ausschließen. Es wäre also durchaus eine teamartige komplexe oder komplementäre Behandlung denkbar.

F: Sicher. Die Logotherapie, das habe ich wiederholt gesagt …

K: Ist keine Gegenschule …

F: Die Logotherapie ist offen gegenüber ihrer eigenen Entwicklung. Wenn Sie sich in den Heften der Zeitschrift *The International Forum for Logotherapy* und im ersten Band der von Professor Sandra Wawrytko herausgegebenen *Analecta Frankliana* den Bericht über den ersten Weltkongreß für Logotherapie anschauen oder den zweiten Weltkongreß anhören, der eben an der Universität von Connecticut beginnt, dann würden Sie sehen, wie sehr die Logotherapie von meinen Schülern weiterentwickelt wird. Die Logotherapie ist offen gegenüber ihrer eigenen Entwicklung und offen für eine Kooperation mit anderen Schulen.

K: Ist zum Beispiel denkbar, daß ein Logotherapeut, der Gesamtmediziner und Psychiater ist, einen Patienten zum anderen Kollegen schickt, weil dessen Therapie diesem Fall gemäßer ist?

F: Prinzipiell ist das durchaus möglich. Gewöhnlich ist es ja so, daß die Logotherapeuten keine orthodoxen Anhänger der

Logotherapie sind – zum Glück –, sondern daß sie oft spontan die logotherapeutische Behandlung mit anderen Behandlungen kombinieren. Seinerzeit, in dem Vierteljahrhundert, das ich in der Poliklinik der neurologischen Abteilung vorgestanden bin, war es ja so, daß nur eine Minorität von Neurosefällen – gar nicht zu sprechen von organneurologischen Fällen – logotherapeutisch behandelt wurde. Zwei meiner Oberärzte waren Mitglieder der psychoanalytischen, der freudianischen Vereinigung, also orthodoxe Psychoanalytiker, und ich habe ihnen freie Hand gelassen. Immer wieder werden verhaltenstherapeutische Behandlungstechniken parallel oder in Ergänzung oder anstatt logotherapeutischer Techniken angewandt.

K: Also die Logotherapie betrachtet sich nicht als ein Allheilmittel, das sämtliche Symptome logotherapeutisch behandeln will, sondern sie legt nur die Betonung auf den logotherapeutischen Aspekt.

Heilung vom Leiden, das keine Krankheit ist

F: Sie legt, als sinnzentrierte Psychotherapie, die Betonung auf die Sinnorientiertheit des Menschen. Nur in den Fällen, in denen eben über das Psychische hinaus das Noetische oder sagen wir das spezifisch Humane zur Diskussion steht, in denen der Mensch als Sinnsuchender frustriert ist in seinem Sinnanspruch ans Leben, ist die Logotherapie voll zuständig. Aber das hat ja eigentlich mit Krankheit längst nichts mehr zu tun. Ein Mensch, der um einen Sinn in seinem Leben ringt, ist kein Neurotiker, kein Kranker. Und wenn wir Logotherapie in so einem Fall anwenden, dann nur deshalb, weil wir nicht »Existenzanalyse« sagen, weil das ein mißverständlicher Terminus ist, sondern »Logotherapie« sagen müssen, aber in Wirklichkeit ist es ja gar keine Therapie, weil der Zustand, in dem wir den sogenannten »Kranken« betreuen müssen, keine Krankheit ist. Es ist doch keine Krankheit, wenn ein junger Mensch um den Sinn seines Lebens ringt. Denn wenn es eine Krankheit wäre, eine Art Neurose, so wäre sie soziogen, weil das ja an der gesellschaftlichen Struktur von heute, an der Industriegesellschaft, an der Konsumgesellschaft liegt, daß er frustriert ist in seinem Sinnanspruch ans Leben.

K: Also: Logotherapie hält sich nur für einen kleinen Bereich der Neurosen unmittelbar zuständig – darüber hinaus aber für einen großen Bereich nichtneurotischer Lebensprobleme. Im allgemein-neurotischen Problemfeld ist Ihre Therapie nicht spezifisch logotherapeutisch. Sie haben allerdings von der »paradoxen Intention« gesprochen. Inwiefern hat das mit der Sinnfrage zu tun, wenn hier ein Mechanismus ins Spiel kommt, der mir ermöglicht, mich selbst hineinzulegen?

F: Es gibt mehrere Bücher, gerade in den letzten Jahren – Standardwerke, von sehr prominenten amerikanischen Autoren, die sagen: Alles verstehen sie an der Logotherapie, aber was hat nur die paradoxe Intention mit der Sinnfrage zu tun? Die paradoxe Intention und die Logotherapie, sagt einer wörtlich, haben als einzig Gemeinsames, daß sie von Herrn Frankl stammen. Sehen Sie, das stimmt deshalb nicht, weil die paradoxe Intention auf einer spezifisch menschlichen Fähigkeit basiert. Wir sprechen von der Selbsttranszendenz, davon, daß der Mensch immer über sich hinauslangt. Aber neben dieser Selbsttranszendenz ist noch eine zweite spezifisch menschliche Fähigkeit da – die Selbstdistanzierungsfähigkeit. Der Mensch kann von sich abrücken, er kann sich gegenübertreten, ja er kann sich sogar entgegentreten, wenn es notwendig ist, und dieses Sich-selbst-Gegenübertreten muß keineswegs immer nur in einer heroischen Weise erfolgen, sondern es kann auch in einer ironischen Weise zustande kommen. Der Humor ist deshalb eine spezifisch menschliche Fähigkeit, weil er voraussetzt, daß der Mensch lachen kann, und zwar auch über sich selbst lachen kann, über seine eigenen Ängste lachen kann.

Weggeschwitzter Schweiß

K: Vielleicht sollte man das an einem praktischen Beispiel zeigen.

F: An diesem Tisch saß vor Jahrzehnten ein Arzt aus einem niederösterreichischen Spital, der entsetzt war darüber, daß er, wann immer er seinem Chef oder irgendeiner höhergestellten Persönlichkeit gegenübertrat, entsetzlich zu schwitzen begann. Wenn er gar seinem Chef die Hand reichen mußte, war das eine Katastrophe, da ist ihm der Angstschweiß schon aus den Poren getreten. Es war ein Erwartungsangstmechanismus, einer dieser Zirkelmechanismen, im Spiel: Die Angst, daß er zu schwitzen beginnen könnte, trieb ihm den Angstschweiß aus den Poren. Daraufhin habe ich ihm gesagt: »Ich mache Ihnen folgenden Vorschlag. Das nächste Mal, wenn Sie den Chef kommen sehen – Sie wissen, Sie müssen ihm die Hand reichen –, dann sagen Sie sich selbst: ›Oje, jetzt werde ich zu schwitzen beginnen! Was heißt, zu schwitzen beginnen – bisher habe ich einen Liter Schweiß verloren, jetzt werde ich zehn Liter verlieren! Dem werde ich jetzt zeigen, was ein richtiger Handschwitzer ist! Der soll sehen, wie sehr ich schwitzen kann!‹« Er hat das gemacht. Eine Woche später kam er zurück. Der Mann war – ich kann mich genau erinnern, vier Jahre lang hatte er diese Phobie gehabt –, der Mann war geheilt, er hatte sich durch diese Umkehr seiner Einstellung selbst geheilt. Paradoxe Intention heißt, daß sich der Patient wünschen beziehungsweise vornehmen soll, was er bis dahin sosehr gefürchtet hatte. Hier ist ein wesentlicher Unterschied zu der Methode aufzuzeigen, die in der Verhaltenstherapie »symptom prescription« heißt. Ich sage dem Patienten nicht, er soll noch mehr Angst haben, wenn er mit der Angst vor dem Schwitzen kommt. Das wäre »symptom prescription« – Symptomverschreibung, Verstärkung des Symptoms; ich sage auch dem Zwangsneurotiker, der sich zwanzigmal die Hände waschen muß, nicht, er soll sich zweihundertmal die Hände waschen. Das wäre Symptomverstärkung. Das tun wir Logotherapeuten nicht. Bei der paradoxen Intention verstärke ich nicht die Angst, verstärke ich nicht den Zwang, sondern ich empfehle dem Patienten, genau das, wovor er sich immer sosehr gefürchtet hatte, nunmehr sich zu wünschen beziehungsweise sich vorzunehmen. Das heißt, ich sage dem Patienten nicht: »Haben Sie noch mehr Platzangst«, sondern ich sage dem Patienten: »Wie wäre es, wenn Sie sich anstelle der Angst vor dem Herzschlag, die Sie haben, die Sie ja zur Platzangst bewogen hat, einmal vornehmen: Heute gehe ich aus und lasse mich vom Schlag treffen, vom Gehirnschlag plus Herzschlag, heute gehe ich aus und werde den Leuten auf der Straße zeigen, wie einer zehnmal hintereinander kollabieren kann.« Und merken Sie: In dem Moment fängt er innerlich zu lächeln an. Damit ist Distanz gewonnen. Er *ist* nicht mehr sein Symptom, er *hat* ein Symptom. Er *ist* nicht mehr der *Neurotiker*, er *hat* eine *Neurose*, und die kann er manipulieren.

K: Der schlüpft aus seinem vom Symptom behafteten Corpus heraus und blickt auf sich herab …

F: Ja, ja …

Sich selber ins Gesicht lachen

K: Das heißt, er nimmt Distanz zu sich …

F: Und da sehen Sie, Herr Kreuzer, die Verwurzelung auch der paradoxen Intentionstechnik, die die wenigsten merken, mit dem Menschenbild, mit den anthropologischen Grundlagen der Logotherapie. Nämlich insofern, als ja da die Selbstdistanzierungsfähigkeit eine Rolle spielt. Dank der Selbsttranszendenz des Menschen, daß er einen Sinn sucht – darauf läuft sie ja hinaus –, ist er Mensch. Ein Tier fragt sich nicht: Was ist der Sinn meiner Existenz? Und dank der Selbstdistanzierungsfähigkeit des Menschen – dieses zweiten spezifisch humanen Phänomens – ist er fähig, über sich zu lächeln, also bis in die Selbstpersiflage hinein, vor allem in die Persiflage der eigenen Neurose, bis da hinein, sich von sich zu distanzieren. Und dieses Lächeln-Können des Menschen – kein Tier kann lächeln –, dieses Lächeln-Können des Menschen auch über sich, dieses Sich-ins-Gesicht-lachen-Können des Menschen, dieses Ins-Gesicht-der-Neurose-lachen-Können des Menschen ist bei der paradoxen Intention genauso im Spiel wie bei der Dereflexion die Selbsttranszendenz, das heißt die Suche nach Sinn und die heilsame, heilende Wirkung des gefundenen Sinns. Und wie ich jetzt abschließend feststellen möchte: Es ist ja interessant, daß die Verhaltenstherapeuten, die von ihrem Menschenbild her die größten Gegner der Logotherapie sein müßten, mir die paradoxe Intention abkaufen. Beweis dafür: Professor Wolpe, Josef Wolpe, der Begründer

der Verhaltenstherapie, der systematischen Desensibilisierung und so weiter, hat mich als einen der vier Referenten nach Philadelphia geholt, wo an seiner Universität ein Kongreß über Psychotherapie stattgefunden hat. Und sein Assistent, Professor Michael Ascher, hat seine letzte Arbeit ausschließlich nicht nur der paradoxen Intention gewidmet, sondern auch dem experimentellen Nachweis, daß die paradoxe Intention nicht nur beste Verhaltenstherapie sei, sondern daß sie den üblichen verhaltenstherapeutischen Techniken bei bestimmten Indikationen, zum Beispiel bei Einschlafstörungen, überlegen ist. Er hat das so gemacht, daß er Hunderte von Fällen parallel behandeln lassen hat. Diese Leute haben im Durchschnitt 48 Minuten zum Einschlafen gebraucht. Er hat sie zehn Wochen lang mit klassischer Verhaltenstherapie behandeln lassen, und dann haben sie nur 39 Minuten zum Einschlafen gebraucht. Und dann hat er die, die er nicht beeinflussen konnte, zwei Wochen paradoxe Intention anwenden lassen. Und die sind dann im Schnitt auf 10 Minuten Einschlafdauer gekommen.

Schafe zählen – oder?

K: Was ist der charakteristische Unterschied in der Behandlungsmethode? Verhaltenstherapie ist eine Art von Dressur ...

F: Die paradoxe Intention hingegen besteht darin: Zuerst einmal müssen wir die Leute entdoktrinieren. Die Leute sind indoktriniert durch die Massenmedien, die ihnen sagen: Das Ärgste ist Schlaflosigkeit, ohne Schlaf muß man sterben, man fängt zu halluzinieren an. Ich muß diesen Patienten klarmachen: Den Schlaf, den der Organismus unbedingt braucht, den holt er sich von selber, ob Sie es glauben oder nicht, ob Sie es merken oder nicht. Folglich können Sie ruhig etwas riskieren, was ich Ihnen jetzt empfehle: Anstatt krampfhaft zu versuchen, einzuschlafen – denn die Gespanntheit verscheucht ja den Schlaf –, nehmen Sie sich einmal vor: Heute will ich gar nicht schlafen, sondern heute will ich mich bloß entspannen und an dies oder jenes denken; an meinen letzten Urlaub oder an den kommenden und so weiter. Heute interessiert mich das Schlafproblem überhaupt nicht. Im

Gegenteil: Heute will ich wach bleiben. Und dann schlafen die Leute. Das Hübscheste ist, was Professor Michael Ascher gelungen ist: Er hat darüber einmal in Wien in einem Vortrag referiert. Er hatte eine Patientin – die jahrelang in Psychoanalyse war, in Freudscher Psychoanalyse, ohne Erfolg. Und dann hat er bei ihr wegen Schlafstörung die paradoxe Intention probiert. Daraufhin sagte sie: »So ein Blödsinn, das kann man doch nicht machen, man kann mich doch nicht behandeln, ohne daß man erst die unbewußten Komplexe, die Traumata und Konflikte eruiert und bewußtmacht, das ist doch eine jahrelange Arbeit, Herr Professor!« Da hat er gesehen, daß er diesen Widerstand überlisten muß. Wissen Sie, was er gemacht hat? Er hat gesagt: »Irgendwie haben Sie recht, aber um dieses unbewußte Material herauszubekommen, müssen Sie sich haarscharf beobachten und haargenau notieren, was Ihnen für Einfälle kommen, was für Gedanken aus dem Unterbewußtsein auftauchen, bevor Sie einschlafen. Also versuchen Sie, an den nächsten Abenden, das Einschlafen möglichst hinauszuschieben, weil ich das Material brauche, und bitte protokollieren Sie das alles haargenau.« Daraufhin ist sie eingeschlafen. Erkenntnisse dieser Art sind an sich uralt, aber zu einer Methode ausgebaut und in ein System eingebaut hat sie erst die Logotherapie.

Sinn finden, Sinn erfinden?

K: Herr Professor, um wieder zur eigentlichen Logotherapie, Logotheorie zurückzukehren: Wie geht die Logotherapie vor sich? Wird der Sinn, der verlorene Sinn in dem Menschen, der Patient ist, *gesucht*, oder wird er in diesen Menschen hineingetan? Wird er für ihn *gefunden* oder *erfunden*?

F: Sehen Sie, Herr Kreuzer, jetzt komme ich auf Ihre erste Frage zurück: Ist da noch ein gemeinsamer Nenner zwischen Psychoanalyse, Individualpsychologie, Logotherapie? Das tritt hier an den Tag. Es handelt sich um ein Bewußtwerden. Ein Manager zum Beispiel wird sich dessen bewußt, daß ihm gar nicht so viel am Geldverdienen liegt, wie er sich einbildet. Ein anderer wird sich bewußt, daß ihm an der Playboyrolle ja gar nicht so viel liegt. Wieder ein anderer wird sich bewußt, daß ihm an der Disco gar nicht so viel liegt, daß hinter all dieser Vergnügungssucht und Arbeitswut eine innere Leere, eine frustrierte Sinnsuche steht. Das wird ihm dann bewußt, im analytischen Sinne bewußt. Und dann langt er nach einem Sinn, dann langt er nach einem Partner, den er auch lieben kann und nicht nur als sexuelles Werkzeug, als Mittel zum Zweck des Abreagierens von Bedürfnissen, sexuellen Trieben, benützt. Dann wird ihm bewußt, daß Aufgaben seiner harren, daß er sich in den Dienst einer Sache stellen muß, der er wirklich dienen kann. Und im Dienst an ihr kann er sich erst verwirklichen. Das alles wird ihm bewußt. Es muß nur eine katalytische Funktion ins Spiel kommen, genauso wie Sie vorhin bei mir eine katalytische Funktion ausgeübt haben. Sie haben mich dessen bewußtgemacht, daß da gewisse Querverbindungen bestehen. Der Patient reagiert da spontan. Wir können in der Logotherapie nur dazu beitragen, daß sein Gesichtsfeld erweitert wird. Wenn Sie mich fragen: Sinn *finden* oder Sinn *erfinden*?, so sage ich eindeutig: Der Logotherapeut ist kein Maler, sondern ein Augenarzt. Der Maler malt die Welt, wie *er* sie sieht – der Augenarzt aber verhilft dem Patienten dazu, daß er die Welt sehen kann, wie sie ist, wie sie *für den Patienten ist*. Das heißt, er erweitert dessen Horizont, dessen Gesichtsfeld für Sinn und Werte. Ich möchte aber erinnern, daß nur zwanzig Prozent der Neurosen mit Sinnverlust zusammenhängen. Die anderen achtzig Prozent haben mit der Sinnfrage nichts zu tun. Und umgekehrt: Die meisten Menschen, die Sinn suchen, sind keine Neurotiker. Daß man heute die Logotherapie so pauschal identifiziert mit einer auf Sinn ausgerichteten Psychotherapie, ist ja ein Symptom der heutigen Zeit, der »Erkrankung« des Zeitgeistes. Weil die Menschen nach Sinn lechzen, sind sie keineswegs krank. Natürlich fühlen sich viele Menschen angesprochen von einer Psychotherapie, die zwar zu achtzig Prozent die traditionellen Zwangsneurosen und Angstneurosen behandelt, aber zu zwanzig Prozent das, was den Leuten unter den Fingernägeln brennt.

Eisenfeilspäne finden ein Magnetfeld

K: Noch einmal zur Kritik an der Logotherapie: Bonmotartig wurde auch gesagt, es handle sich hier überhaupt nicht mehr um eine Psycho*analyse*, vielmehr um eine Psycho*synthese*. Kann das bedeuten, daß hier – zwar auf Grund eines Bedürfnisses, aber doch – etwas in den Patienten hineininterpretiert wird? Daß ihm etwas *eingeredet* wird, wenn auch zu seinem Nutzen?

F: Ich würde sagen, eher genau das Gegenteil. Es gibt keine Psycho*synthese*. Aber es werden verschiedene Seelenkräfte integriert. Ganz laienhaft gesprochen: wie wenn Sie einen Magneten unter Eisenfeilspäne halten – in dem Moment ordnen sich die Eisenfeilspäne. Die Integrierung des Seelenlebens und ihre Konsequenz, die Selbstverwirklichung, deren Konsequenz, das Glücklichwerden, das sind alles Nebenwirkungen der Ausgerichtetheit auf ein Ziel. Es gibt nichts in der Welt, was so sehr imstande wäre, einem Menschen über innere Beschwerden oder über äußere Schwierigkeiten hinwegzuhelfen, wie das Wissen um eine spezifische Aufgabe, das Wissen um einen ganz konkreten Sinn, nicht im Großen seines Lebens, sondern hier und jetzt, in der konkreten Situation, in der er sich befindet. Das hat man ja zum Beispiel in Kriegsgefangenenlagern gesehen. Ich hatte an meiner Universität in Kalifornien unter den Studenten auch einige amerikanische Offiziere. Und da waren unter diesen zufällig jene drei Offiziere, die in nordvietnamesischer Kriegsgefangenschaft die längsten Haftzeiten verbracht hatten: Isolationshaft und so weiter – einfach unvorstellbar. Und einer bis zu sieben Jahren – sieben Jahre lang! Und wir haben dann eine öffentliche Diskussion veranstaltet, und da ist rausgekommen: Wenn es etwas gab, das sie aufrechterhalten hat – und dasselbe hören Sie von Stalingradheimkehrern und von Konzentrationslagerhäftlingen –, dann war es das Wissen um etwas, was auf sie in der Zukunft gewartet hat. Etwas oder jemand.

Wie man das Jahr 1945 erlebt

K: Herr Professor, das ist ein wichtiger biographischer Aspekt. Das Haupterlebnis Ihres Lebens und auch die Bestätigung Ihrer Lehre haben Sie ja im Leid, im KZ erfahren. Und darüber auch sehr viel geschrieben, sehr viel gesagt.

F: Ich habe die zwei Handbuchkapitel über Psychiatrie des Konzentrationslagers in den zwei großen psychiatrischen Lehrbüchern zu verfassen gehabt.

K: Im Konzentrationslager haben Sie die Richtigkeit Ihrer Grundüberzeugung erlebt ...

F: Ja, das kann man sagen. Daß jene die größten Überlebenschancen gehabt haben, die eben in die Zukunft, und zwar auf eine konkrete Aufgabe in der Zukunft, ausgerichtet waren. Und das ist das, was man in der amerikanischen Psychologie als »survival value« (Bedeutung für die Vergrößerung der Überlebenschancen) bezeichnet. Dieses motivationstheoretische Konzept habe ich nun im Rahmen der Logotherapie entwickelt, den »Willen zum Sinn«. Das heißt, ein Mensch, der auf einen Sinn ausgerichtet ist, diesem Sinn sich verpflichtet fühlt, diesem Sinn gegenüber Verantwortung empfindet, ein solcher Mensch hat unvergleichlich größere Überlebenschancen in Extremsituationen als der durchschnittliche andere. Natürlich ist das nicht eine hinreichende Bedingung des Überlebens, aber eine notwendige Bedingung. Soundso viele Leute, die sich verpflichtet gefühlt haben, auch im religiösen Sinn, ihrem Herrgott gegenüber, sind ja dann doch zugrunde gegangen. Aber unter gleichen anderen Umständen haben solche sinnorientierten Menschen eine unvergleichlich höhere Überlebenschance.

Wie man das Jahr 2000 erlebt

Ich möchte sagen, das können Sie glattweg verallgemeinern für die ganze Menschheit. Wenn die Menschheit jemals überleben soll in diesen kritischen Jahrzehnten, dann wird sie das nur tun können, wenn sie früher oder später geeinigt ist durch einen gemeinsamen Willen zu einem gemeinsamen Sinn, das heißt vorstößt zu gemeinsamen Aufgaben. Ob das jetzt ökologische Aufgaben sind oder ob das Aufgaben sind, mit denen die UNO sie konfrontiert, das gehört auf ein anderes Blatt.

K: Wir sind hier bei der großen weltweiten Kollektivneurose. Wie ist diese entstanden? Nach Ihrer These vorerst in der Evolution durch den Verlust der Instinkte des aufsteigenden Menschen und später durch den Verlust der Traditionen, eben beim Einbruch der Neuzeit, des Fortschritts, der Aufklärung. Also eigentlich ist der jetzige Zustand durch den Verlust einer früheren Geborgenheit entstanden. Bedeutet das, daß es besser wäre, zurückzuflüchten in diese ehemalige Geborgenheit oder diejenigen, die noch darinnen sind, darin zu belassen? Also ist in diesem Sinn Ihre Lehre vorerst einmal eine konservative?

F: Ganz im Gegenteil. Es gibt kein Zurück. Die Traditionen zerbröseln, die Traditionen zerbrechen. Und damit die tradierten Werte. Die Leute, besonders die jungen, fragen sich: Wozu soll ich Werte verwirklichen? Wozu? Das heißt, die Sinnproblematik ist vorrangig. Sie fragen am Schluß immer: Alles schön und gut – aber wozu? Ich seh' nicht ein, warum ich diese Werte, diese Ideale verwirklichen soll. Die Sinnfrage ist eben vorrangig, und das heißt: In einem Zeitalter, in dem die tradierten Werte und Ideale nicht mehr verbindlich erscheinen, am allerwenigsten dem jungen Menschen, kommt es darauf an, den Sinn zu finden, der im Gegensatz steht zu den Werten – die Werte sind Sinnuniversalien, die sich im Laufe der Menschheitsgeschichte herauskristallisiert haben. Im allgemeinen heißt es: Du sollst nicht stehlen. Aber es gibt Situationen, in denen das einzig Sinnvolle sein mag, zu stehlen. Ich denke an ganz konkrete Situationen in Konzentrationslagern, in denen das Organisieren, wie es im Krieg geheißen hat, das war, was nicht nur zum Überleben verholfen hat, sondern auch, wenn auch in einem Mikromaßstab, das Regime geschädigt hat. Also es gibt Situationen, in denen die allgemeinen Werte schon längst nicht mehr gelten. Der konkrete Sinn aber, den gibt es immer. Den Sinn muß man finden, und man kann ihn auch finden. Der Sinnfindungsprozeß ist eine Art Gestaltwahrnehmungsprozeß. Das läßt sich nachweisen, darüber gibt es experimentelle Arbeiten von meinen Schülern, hauptsächlich in Amerika, aber auch in Japan und auch in Polen. Ich will damit sagen: Dieser Sinn, der läßt sich gar nicht tradieren. Den könnten Sie ja gar nicht aus den Händen der Tradition übernehmen. Dieses Einmalige, Einzigartige – wie soll die Tradition, woher sollen die Eltern wissen, was für Aufgaben, was für konkrete Situationen uns fordern und ansprechen? Und deshalb mein' ich, daß die Sinnfindung im wesentlichen unabhängig ist von der Tradition. Ein Zurück gibt es einfach nicht. Ich glaub', Novalis hat gesagt, die Leiter, auf der die Menschheit emporgestiegen ist, ist umgefallen. Wir können nicht mehr zurückklettern, das gibt es nicht.

Gift für die Dritte Welt: Die »Ismen«

K: Ja, aber wie macht man's? Dieses Thema, das Sie jetzt weltweit angesprochen haben, war sicher nicht zufällig vor kurzem Gegenstand eines Gesprächs zwischen Gräfin Dönhoff, der Herausgeberin der Hamburger *ZEIT*, und Bundeskanzler Kreisky. Dönhoff hat dieses Thema in bezug auf die achtziger Jahre mit der Fragestellung, ob wir nicht einem Jahrzehnt der irrationalen Problematik entgegengehen, angeschnitten – angedeutet etwa durch die Vorgänge im Iran, verursacht durch Nichtbewältigung alles dessen, was der Schah unter allen Anführungszeichen an Reformen eingeführt hat; oder etwa durch die Vorgänge in der Moschee in Mekka, von denen wir jetzt wissen, genau wissen, daß sie offenkundig ein solcher Aufstand infolge Nichtbewältigung des Goldstromes waren, der in dieses Land hineinfließt. Hier zeigt sich ein großes, weltweites Nord-Süd-Problem. Heißt das, daß wir, wenn wir den Hunger dieser Dritten und Vierten Welt stillen, also wenn wir ihr unsere Fortschritte, unsere Technologie bringen, ihr gleichzeitig den Sinn nehmen, sie in eine große kollektive Neurose hineintreiben müssen? Haben wir nur die Wahl, Brot zu geben oder Sinn zu belassen?

F: Es gibt zwei Arbeiten von amerikanischen Professoren, die in Entwicklungsländern waren; die nachgewiesen haben, daß sich dieses abgründige Sinnlosigkeitsgefühl auch in den Entwicklungsländern breitmacht, speziell unter der akademischen Jugend. Weil die eben entwurzelt ist, weil die eben entfremdet ist. Und woher kommt das? Das, was wir den Entwicklungsländern verkauft haben, das ist Technologie, das ist Wissenschaft. Wenn Sie nachschlagen bei Schrödinger, wenn Sie nachschlagen bei Einstein, werden Sie finden, daß die Wissenschaft keine Ziele, keinen Sinn zu geben vermag. Grundsätzlich kann sie das nicht. Und was hat die Technik getan? Die Technik kann niemals Zweck geben. Die Technik kann uns doch nur Mittel zum Zweck in die Hand drücken. Und deshalb sind die Leute zurückgeschreckt vom Rationalismus, von Technik und Wissenschaft. Notwendigerweise ist die Ratio die Grundlage von Technik und Wissenschaft. Sie sind zurückgeschreckt und zurückgewichen und ausgewichen in den Irrationalismus. Aber das, was not tut, ist ein Über-die-Ratio-Hinausgehen; ein Transrationalismus, möchte ich sagen.

K: Herr Professor, wir haben die Entfremdung exportiert, die ja schon deutlich in unserem Bereich als unser Problem definiert ist, das wir noch längst nicht gelöst haben. Aber wenn Sie jetzt grundsätzlich empfehlen, man müßte dieses weltweite Problem durch Sinngebung lösen, kommen wir zurück in das ganz kleine Problem: Was macht der Logotherapeut mit seinem Patienten? Meine Frage war vorhin: Hat er für ihn und mit ihm den Sinn *zu suchen*, der in ihm selber drinnen steckt, oder hat er ihm einen Sinn *zu geben*, *aufzuerlegen*? Das ist unser Problem in bezug auf die Dritte Welt: Wir können doch denen keinen Sinn geben oder bringen …

F: Nein, den müssen sie selbst finden, und sie werden ihn auch finden. Sie werden ihn finden, wenn man ihnen gleichzeitig mit der Technik und mit der Wissenschaft das transrationale Moment vermittelt. Und das heißt, daß man ihnen in einem klarmacht, daß Wissenschaft und Technik nicht alles sind und nicht alles sein können. Die Verpackung von Wissenschaft auf den akademischen Böden ist aber heute im großen und ganzen eine reduktionistische. Wir verkaufen nicht nur Biologie und Psychologie und Soziologie, wir verkaufen den Leuten Biologismus, Psychologismus und Soziologismus. Das heißt, wir trichtern den Leuten ein: Der Mensch ist nichts anderes als ein Computer, der Mensch ist nichts anderes als ein Mutationsergebnis, der Mensch ist nichts anderes als das bloße Produkt von Erbe und Umwelt, ein Produkt seiner Umgebung, der sozioökonomischen Bedingungen. Macht nur das und jenes, bringt nur die wirtschaftliche Grundlage in Ordnung, und ihr werdet glücklich sein. Man hat das getan. Die Leute sind noch unglücklicher in der Wohlstandsgesellschaft, im Wohlfahrtsstaat. Das ist ja der soziologische Hintergrund des existentiellen Vakuums, des Sinnlosigkeitsgefühls, daß die heutige Gesellschaft darauf aus ist, Bedürfnisse zu befriedigen und sogar Bedürfnisse zu erzeugen. Aber *ein* Bedürfnis, und zwar das menschliche Grundbedürfnis, das bleibt frustriert, das bleibt unberücksichtigt von der Gesellschaft: das Sinnbedürfnis. Mit anderen Worten: Es geht mit dem relativen materiellen Wohlstand eine existentielle Verelendung einher.

Agieren – nicht reagieren, nicht abreagieren

In unserem heutigen sogenannten wissenschaftlichen Menschenbild, das eben rein rational ist, das nur das Wägbare, das Zählbare anerkennt, bleibt ja dieser Wille zum Sinn, dieses Streben über sich selbst hinaus, unberücksichtigt, weil es nicht in den Kram paßt, weil es sich nicht in die Schemata hineinzwängen läßt, denen zufolge der Mensch entweder ein auf Reize reagierendes oder ein die Triebe abreagierendes Wesen ist. Unseren Patienten reden wir solange ein, daß sie ein Mechanismus, ein Apparat sind, bis sie es am Schluß selber glauben – und dann stecken sie in einer Neurose drin, die nimmermehr heilbar ist. Sie kommen wegen eines banalen Zählzwangs, sie kommen wegen einer banalen Platzangst, und nach ein paar Jahren Indoktrination durch den Psychotherapeuten sind sie dann noch mehr eingeschränkt auf ihr Ego. Das Wesen menschlicher Existenz ist aber die Selbsttranszendenz. Daß man nicht sich beobachtet, daß man nicht sich belauert, daß man nicht sich fortwährend befragt – außer in einer kritischen Situation, die eine kritische Hinterfragung notwendig macht. Der Mensch reagiert nicht die Triebe ab, er reagiert nicht auf Reize – er agiert in eine Welt hinein, in eine Welt von Aufgaben, die zu erfüllen er sich sehnt, in eine Welt von Partnern, die er lieben könnte, aber nicht in eine

Welt von Leuten, die gerade gut genug sind, daß er seine sexuellen Triebe abreagiert, oder Sachen, die gerade gut genug sind, daß er seine Aggressionen abreagiert. Denken Sie doch an die Widerstandskämpfer unter Hitler. Stellen Sie sich vor, man beurteilt diese Leute als Trottel, die blöd genug waren, aggressive Potentiale statt in einer Aggressionskammer oder bei einem Fußballspiel abzureagieren, an Hitler oder am Nationalismus abzureagieren. Was für ein Irrtum! Das waren Menschen, die sachbezogen waren, die in die Welt hinein agiert haben, aber nicht innerlich irgendwelche aggressiven Potentiale abreagieren wollten!

K: Sie sprachen von Selbsttranszendenz. Das sollten wir übersetzen: Überschreitung des eigenen Ich, der Grenzen des eigenen Ich ...

Ein Auge, das sich selber sieht, ist ein krankes Auge

F: Herr Kreuzer, es gibt eine ureinfache Möglichkeit, zu vermitteln, was ich mit Selbsttranszendenz meine, und zu zeigen, daß das mit Transzendenz im Sinne von Jaspers und Religion überhaupt nichts zu tun hat. Selbsttranszendent sind unsere Augen. Das heißt, die Fähigkeit meines Auges, seine Funktion zu erfüllen, die es umgebende Welt optisch wahrzunehmen, steht und fällt mit der Unfähigkeit, sich selbst wahrzunehmen, wenn ich von Spiegelungen absehe. In dem Maße, in dem mein Auge etwas von sich selbst bemerkt und sieht, ist es krank. Wenn ich da Wolken sehe, dann ist es mein grauer Star, eine Linsentrübung, wenn ich Regenbogenhöfe um die Lampen sehe, dann ist das mein grüner Star, eine Erhöhung des Drucks in der vorderen Augenkammer. Das normale Auge sieht sich selbst nicht. Genauso ist es mit dem Menschsein. Selbsttranszendenz heißt, daß der Mensch ganz er selbst wird und ganz Mensch ist genau in dem Maße, in dem er sich übersieht und vergißt, in dem er sich selbst hinter sich läßt, im Dienst an einer Sache, in der Erfüllung eines Sinnes oder in der Hingabe an eine Aufgabe oder an einen anderen Menschen, einen Partner, da wird er ganz er selbst. Diese Sinnorientierung, die wir da anregen müssen, katalytisch, die wir evozieren, provozieren müssen, dazu taugt eine Logotheorie – nicht Logotherapie, denn das sind ja keine Neurotiker. Eine solche Theorie ist da sehr notwendig. Sie hängt nicht in der Luft, sie greift ja auf etwas zurück, etwas – erschrecken Sie jetzt nicht –, was ich das »präreflexive ontologische Selbstverständnis« genannt habe.

K: Jetzt müssen wir aber schnell übersetzen: Präreflexiv, ontologisch …

F: Selbstverständnis heißt, was ich von mir als Menschen halte, was ich glaube, daß Menschsein letzten Endes ist. Ontologisch heißt, es bezieht sich auf das Menschsein. Und präreflexiv heißt: Noch bevor ich eine Ahnung habe, was Philosophie, was Psychologie, was Psychiatrie ist, weiß ich bereits, was da eigentlich im Leben los ist. Ich bin konfrontiert, von Minute zu Minute, mit Situationen, die einen Anruf an mich ergehen lassen: Das mußt du machen, das kannst du machen, du mußt die Welt verändern, du mußt die Situation verändern. Du mußt dir helfen, du mußt anderen helfen, du mußt etwas daraus machen, du mußt sie zum Besten gestalten, und diese Sinnmöglichkeit liegt in jeder Situation. Es existieren zwanzig Arbeiten von Schülern von mir, die an Hand von Zehntausenden von Fällen experimentell und statistisch nachweisen konnten, daß Sinnfindung jedem Menschen offensteht, grundsätzlich unabhängig vom Intelligenzquotienten, unabhängig vom Bildungsgrad, unabhängig auch von seiner Geschlechtszugehörigkeit und von seinem Alter. Unabhängig sogar davon, ob er religiös ist oder nicht. Und wenn er religiös ist, wieder unabhängig davon, ob er konfessionell so oder so gebunden ist.

K: Das heißt aber doch, daß »Sinn« nichts Übermenschliches ist, sondern etwas zutiefst Menschliches, zum Teil auch – und insofern gehört es in den großen Bereich der Psychoanalyse – etwas Unbewußtes, das entdeckt und herausgeholt werden soll.

F: Richtig, denn die Funktion der Sinnwahrnehmung ist ja im großen und ganzen unbewußt und muß nur dort bewußt gemacht werden, wo es hapert. Dort, wo der Mensch in eine Krise hineinschlittert, wo er, weil sein Wille zum Sinn frustriert ist, sagt: Das Leben hat keinen Sinn mehr. Wo er des Sinnes nicht gewahr wird, der auch auf ihn wartet. Es läßt sich ja nachweisen, daß ein Sinn nicht nur in der Arbeit gefunden werden kann, durch eine Tat, die wir setzen, durch etwas, was wir in die Welt hineinsetzen, durch ein Werk, das wir schaffen, sondern auch im Erleben, dadurch, daß wir etwas aus der Welt in uns aufnehmen, aus der Natur, aus der Kultur, auch dadurch, daß wir nicht etwas, sondern jemanden erleben. Jemanden in seiner ganzen Besonderheit erleben heißt, ihn gernhaben. Also in der Liebe, in der Arbeit erfüllen wir uns selbst und erfüllen wir den Sinn. Aber auch dort, wo wir die Situation nicht mehr ändern können: Bis zum letzten Augenblick besteht die Möglichkeit, uns selbst, und das heißt unsere eigene Einstellung, zu ändern. Und, indem wir das tun, innerlich zu wachsen und über uns hinauszuwachsen, innerlich zu reifen, sogar bis zum letzten Atemzug. Auf diese Weise ist es so, daß grundsätzlich bis zuletzt eine Sinnmöglichkeit da ist. Wenn man nun fragt: »Ja ist denn Leiden notwendig, um einen Sinn zu erfüllen?«, so antworte ich: Keineswegs! Leiden ist zur Sinnerfüllung nicht notwendig. Was ich vielmehr sagen will, ist, daß Sinn auch möglich ist trotz Leiden, ja gerade durch das Leiden. Solange wir die Ursache eines Leidens beheben und beseitigen können, ist es das einzig Sinnvolle, dies zu tun – ob es sich nun um ein biologisch, ein psychologisch oder ein politisch verursachtes Leiden handelt. Alles andere wäre Masochismus, nicht Heroismus. Nur dort, wo wir die Situation eben gar nicht ändern können, dort sind wir aufgerufen, uns selbst zu verändern, unsere eigene Einstellung zu verändern und in diesem Einstellungswandel noch Zeugnis abzulegen von dem, wozu ein Mensch fähig ist: eine persönliche Tragödie in einen menschlichen Triumph zu verwandeln. Es läßt sich sogar empirisch verifizieren, daß das Leben potentiell bis zuletzt sinnvoll ist.

Mein Freund, der Hase Harvey

K: Herr Professor, ich glaube, Sie haben mit der Erwähnung der empirischen Bestätigung der Logotherapie ein wichtiges Stichwort gegeben. Man muß nur nicht unbedingt von einer Therapie, von einer Heilmethode eine empirische Bestätigung verlangen. Wenn man zum Beispiel ein erfolgreicher Akupunkturarzt ist, muß ja die Akupunktur nicht nach allen Gesichtspunkten unserer traditionellen Wissenschaft vorerst bestätigt werden, ehe man sie anwendet. Der Erfolg zählt. Trotzdem ist es interessant – und Sie haben es getan –, nach der empirischen Bestätigung zu fragen. Und da fällt mir, wenn man die Sache ein bißchen kritisch überlegt, eine Komödie ein, die auch Sie sicherlich kennen: *Mein Freund Harvey*, ein liebenswürdiges, seit Jahrzehnten gespieltes Stück von Mary Chase, ins Deutsche übersetzt von Alfred Polgar. Wir haben in Wien Heinz Rühmann, vorher noch Oskar Karlweis und später dann im Film James Stewart in der Rolle gesehen. Sie wissen: Der Held des Stückes hat einen Hasen, der so groß ist wie er, 1,70 Meter, den er liebt, den er braucht, den er immer mit sich führt – allerdings: Diesen Hasen gibt es nicht. Und das Stück ist so weise, daß es nicht bloß ein Stück über Schizophrenie sein kann. Eigentlich wird hier vermittelt, wie weise dieser Patient, dieser Held des Stückes ist, daß er vermag, sich zu seiner Gesellschaft einen nicht existierenden Hasen zu halten, weil er ihn braucht.

F: Er erweist sich ja auch der Gesellschaft überlegen, soweit ich mich erinnern kann.

K: Richtig. Und jetzt frage ich Sie, inwiefern ist dieser Hase Harvey aus dieser weisen Komödie gleichzusetzen mit Ihrem Sinn, den Sie zwar nicht erfinden, aber für den Patienten herausfinden, den Sie ihm verschaffen, den Sie ihm verordnen, vielleicht auf Krankenkassenrezept, weil er ihn braucht. Damit ist die wissenschaftliche Frage verbunden: Gibt es diesen Sinn? Wo ist dieser Hase Harvey in der Zoologie einzuordnen?

F: Herr Kreuzer, vom Standpunkt der Logotherapie – ich unterstreiche Therapie – würde man das Recht haben, dieses Problem pragmatisch, um nicht zu sagen utilitaristisch zu lösen. Das heißt: Wahr ist, was sich bewährt. Man könnte also sagen – und ich glaube, das meinen auch Sie beiläufig so –, daß man die Philosophie des »Als Ob« von Hans Vaihinger auf die Logotherapie übertragen könnte: Wir müssen so tun, als ob es einen Sinn gäbe.

K: Gäbe es ihn nicht, dann müßten wir ihn erfinden ...

F: Ganz richtig. Um der Gesundung willen. Meinem Gefühl, meinem Geschmack nach, wäre da ein Stückchen Unehrlichkeit darin. Und auch ein Stück Unmöglichkeit. Denn wenn ich mich einzufühlen versuche in die Situation eines solchen Patienten, dem ich quasi einreden will: »Es gibt einen Sinn, red' ma nicht viel darüber, tun Sie so, als ob es einen gäbe«, so müßte er dann sagen: »Herr Doktor, ich soll das tun, damit ich g'sund werd', gell?« – »Ja.« – »Wozu soll ich gesund werden?« – Ich habe vor kurzem eine Arbeit einer Schülerin von mir gelesen, die in München ein großes Beratungszentrum auf logotherapeutischer Grundlage leitet. Sie hat hier in Wien dissertiert, im Institut für experimentelle Psychologie, und sie schreibt in ihrer Arbeit: Wenn man bedenkt, daß eine Patientin von den Verhaltenstherapeuten angewiesen wird, durch die und jene Strategie – denn man spricht ja heute nicht mehr von Technik, sondern von Strategie – über ihre Depression hinwegzukommen, indem sie das oder jenes macht, dann wird sich die Patientin fragen: Ja aber wozu soll ich denn überhaupt gesund werden? – Solange sie nicht wirklich und ehrlich auf einen Sinn ausgerichtet ist, schrumpft und sackt ja der ganze Gesundungsprozeß in sich zusammen. Sie sehen wiederum, Herr Kreuzer, daß die Sinnfrage die primäre oder die letzte ist, auf die es ankommt. Und insofern möchte ich das Ganze nicht bloß utilitaristisch oder pragmatisch abgebogen wissen.

Durst beweist, daß es Wasser gibt

K: Also wenn der Sinn einen Sinn haben soll, dann muß es ihn auch geben.

F: Dann muß es ihn auch geben. Und es gibt Hinweise dafür, daß es ihn auch gibt. Im *Veruntreuten Himmel*, in diesem schönen Roman, der auch verfilmt wurde, steht der Satz: »Durst ist der sicherste Beweis für die Existenz von so etwas wie Wasser.« Man müßte sich fragen, wie kommt es, daß wir so durchdrungen sind von einem zutiefst verwurzelten Willen zum Sinn? Wieso kommt es, daß man experimentell nachweisen kann, daß jeder Mensch, jede Versuchsperson in jeder Situation, mit der sie konfrontiert wird, sofort einen Sinn, eine Sinngestalt sucht. Es muß sich also, möchte ich sagen, die Natur etwas dabei gedacht haben, wenn sie diesen Willen zum Sinn so tief in den Menschen hineingelegt hat.

K: Oder wie Goethe schreibt und Lorenz zitiert: »Wär' nicht das Auge sonnenhaft, die Sonne könnt' es nie erblicken.« Das heißt, etwas muß diesem uns innewohnenden Sinn, diesem Bedürfnis nach Sinn draußen in der wirklichen Welt, die uns vielleicht unzugänglich sein mag, entsprechen.

F: Eine Realität entsprechen, oder vielleicht müßte man sagen, eine Potentialität. Denn das ist ja der Unterschied zwischen der Gestaltwahrnehmung im herkömmlichen Sinn und der Sinnwahrnehmung, die ich eben als eine Gestaltwahrnehmung auffasse, das ist der Unterschied. Bei der Gestaltwahrnehmung, haben wir gelernt, springt uns eine Figur in die Augen: »Brille«, auf dem Hintergrund »Tischplatte«. Aber in der Sinnwahrnehmung ist das, was uns in die Augen springt, eine Möglichkeit auf dem Hintergrund der Wirklichkeit. Das heißt eine Möglichkeit, die Wirklichkeit zu verändern. »To do something about it«, verstehen Sie, etwas damit anzufangen, eine Gelegenheit anzupacken.

Seelenheil – oder seelische Heilung?

K: Herr Professor, nur um das Spektrum der möglichen Antworten durchzugehen: Die erste und einfachste ist natürlich doch die der Religion. Einfach die wissenschaftliche Fragestellung beiseite zu legen und zu sagen, der Sinn ist wissenschaftlich vielleicht doch nicht beweisbar, er ist Religion. Sie haben es zwar selbst schon einmal anklingen lassen, ich frage aber in diesem Zusammenhang: Was unterscheidet die Logotherapie, die Logotheorie hier eigentlich von den Standpunkten der Religion, die ja natürlich dieselbe therapeutische Wirkung erzielen kann?

F: Die Religion hat eine psychotherapeutische Wirkung, aber keine psychotherapeutische Zielsetzung. Und umgekehrt, die Psychotherapie kann und darf gar keine religiöse Zielsetzung haben, sie hat aber unter Umständen eine religiöse Wandlung oder Vertiefung zur unbeabsichtigten Nebenwirkung. Das heißt, wir sehen immer wieder, daß Menschen im Laufe einer Therapie zu religiösen Wurzeln oder Quellen in ihrem Unbewußten zurückfinden, obwohl die Therapie gar nichts mit Religion zu tun hatte und religiöse Fragen überhaupt nicht diskutiert wurden. Aber die Zielsetzungen sind grundverschieden. Die Religion will, sagen wir, *Seelenheil*, die Psychotherapie, auch die Logotherapie, will *seelische Heilung*. Nun ist es aber so, daß bei der Neurosentherapie in bezug auf die Sinnfrage die Religion ins Spiel kommt – wenn wir von den achtzig Prozent Phobien und Zwangsneurosen absehen und uns nur auf die zwanzig Prozent durch Sinnfrustration bedingte Neurosen beziehen, die ich noogene Neurosen nenne, nicht aus Konflikten zwischen Ich, Es und Über-Ich oder Minderwertigkeitsgefühlen resultierende Neurosen, sondern aus einem Sinnlosigkeitsgefühl resultierende Neurosen – Verzweiflung, Depression. Wenn wir also von diesen zwanzig Prozent durch Sinnlosigkeit bedingten Neurosen sprechen, dann kommt uns die religiöse Problematik irgendwie in die Quere. Der religiöse Mensch kann im allgemeinen eher oder sagen wir leichter zu einem Sinn finden als der irreligiöse; grundsätzlich habe ich vorhin bemerkt, was auch empirisch bewiesen ist, daß es jeder kann. Küng sagt allerdings in einem seiner Bücher, daß die Kirche unter Umständen sogar eher zu Sinnkrisen beitragen als sie kurieren kann.

K: Mir fällt in diesem Zusammenhang die Umdeutung des Sterbesakraments in eine »Krankenölung« ein. Jetzt sucht man neue, »weltliche« Methoden der Sterbehilfe.

F: Nicht nur das. Es gibt eine – ich mag das Wort nicht, ich habe es eigentlich noch nie gebraucht, aber Schätzing, ein Gynäkologe aus Berlin, der sich viel mit Psychotherapie befaßt hat, hat es geprägt – »ecclesiogene Neurose«, also eine Neurose, die durch religiöse Erziehung – der Religiöse würde natürlich sagen, durch religiöse Fehlerziehung – entsteht. Ich möchte dazu allerdings sagen: Wenn man schon von »ecclesiogenen« Neurosen spricht, müßte man auch von »psychoanalytikogenen« und »psychotherapeutogenen« Neurosen sprechen …

K: Fairerweise sollte man sagen: Dort, wo die Religion helfen kann – und das kann sie ja weitestgehend –, bedarf es nicht der Logotherapie. Der religiöse Mensch kennt ja den Sinn seines Lebens. Der braucht nicht zu Ihnen kommen, um den Sinn zu finden.

F: Stimmt nicht ganz. In einem meiner Bücher habe ich den Fall einer Karmelitin beschrieben, die eine schwere endogene Depression hatte, eine Depression, die nicht aus Sinnzweifel entstanden war. Im Krankheitsbild fanden sich aber Zweifel am Sinn des Lebens und Zweifel am eigenen Wert. Die Folge: schwere Depression, sogar Selbstmordgefahr, sogar bei einer Karmelitin Selbstmordgefahr. Diese Schwester ist durch entsprechende medikamentöse Behandlung von dieser somatisch bedingten Depression befreit worden, aber ihr Beichtvater hatte ihr fortwährend eingeredet, eine wahre Christin könne an keiner Depression leiden. Das stimmt nicht. Auch wahre Christen, ehrlich religiöse, echt religiöse, können Opfer einer Neurose, ja einer Psychose werden. Also so verallgemeinern kann man das nicht. In Wirklichkeit ist Religiosität keine Garantie gegen eine neurotische oder gar psychotische Erkrankung. Umgekehrt garantiert Freisein von Neurose noch lange nicht, daß jemand religiös ist. Das war ja der Irrtum gewisser kirchlicher Kreise, die ihre Priester, um sie psychoanalytisch auszubilden, in eine Lehranalyse hineingetrieben haben – mit dem Resultat, daß es keine Lehranalyse, sondern eine Leeranalyse geworden ist; neunzig Prozent sind dann aus der Kutte gesprungen. Man hat geglaubt: Trachtet nur nach dem Reich von Freud und Skinner, und alles wird euch dazugegeben werden. Das heißt: Laßt euch nur psychoanalytisch oder verhaltenstherapeutisch oder von mir aus individualpsychologisch von euren Komplexen befreien, und auf einmal werdet ihr echt und ehrlich religiös werden. Das eine hat aber mit dem anderen unmittelbar nichts zu tun.

»Sinn« und »Meta-Sinn«

K: Also Religion kann gegebenenfalls Logotherapie nicht nur nicht ersetzen – auch eine andere notwendige Psychotherapie nicht –, sondern sogar Neurosen erzeugen. Im Bereich des Nichtneurotischen kann Religion allerdings Sinnkrisen verhindern. Nun aber zurück zur Frage: Gibt es den Sinn wirklich? Wir haben Religion behandelt; Religion hat sicher eine mögliche Antwort: Der Sinn kommt von Gott. Sie bedürfen dieser Erklärung nicht, sondern suchen den Sinn ja auch im Bereich der Wissenschaft. Als eine weitere wichtige Erklärungstendenz: Ich glaube, Sie selbst haben vom Meta-Sinn gesprochen, vom Sinn, von dem man annehmen muß, daß er hinter dem Sinn steht und daß durch ihn der Sinn sinnvoll und erklärbar wird.

F: Dazu könnte man folgendes sagen: Der Sinn, mit dem die Logotherapie unmittelbar befaßt ist, ist ein partikulärer Sinn, ein Sinn hier und jetzt. Es geht um eine Aufgabe, die eine konkrete Person hier und jetzt zu erfüllen hat – und deren sie ansichtig werden muß durch die katalytische Funktion des Psychotherapeuten beziehungsweise Logotherapeuten. Darüber hinaus gibt es einen allgemeinen Sinn, muß, müßte es einen allgemeinen Sinn geben, einen letzten Sinn. Einen Übersinn, wie ich ihn nenne, der mit Übersinnlichem natürlich überhaupt nichts zu tun hat. Er ist ein Übersinn in dem Sinne, daß er über unser rein rationales Fassungsvermögen hinausgeht. Ich habe das schon mit dem Transrationalen angedeutet. Und sehen Sie: *Dieser* Sinn ist wissenschaftlich nicht faßbar; er entzieht sich dem Zugriff jeder Wissenschaft. Und jetzt kommen wir zurück auf die Schrödingersche und Einsteinsche These, derzufolge sich, wie ich es jetzt nennen möchte, der Sinn, der letzte Sinn, in der Ebene der Wissenschaft nicht abbildet. Aber das heißt doch nicht, daß wir jetzt sagen dürfen: Also gibt es keinen Sinn.

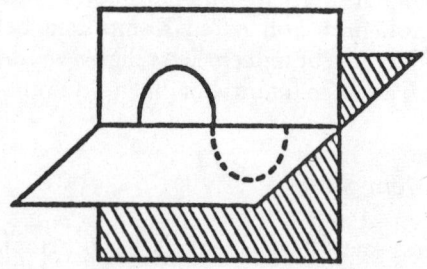

Wenn ich Ihnen die Ebene der Wissenschaft hier so andeute, mit dieser Ebene hier, so können Sie zum Beispiel annehmen, hier und hier und hier sind verschiedene Punkte, die überhaupt nicht miteinander zusammenhängen, die überhaupt keinen sinnvollen Zusammenhang aufweisen. Wer aber läßt es zu, daß ich als ernst zu nehmender Wissenschaftler sage, nur *diese* Ebene existiert, nur die Ebene der Biologie, nur die Ebene der Evolutionstheorie, in der Mutationen da sind, die miteinander nichts zu tun haben, Zufälle sind. Wie Monod sagt: Zufall ist das alles, Zufall und Notwendigkeit. Wer sagt mir, daß nicht senkrecht zu dieser Ebene eine andere Ebene steht? Sehen Sie, neunzig Grad dazu geneigt. Dann könnte sich doch herausstellen, daß diese Punkte sehr wohl miteinander zusammenhängen, in Form, sagen wir, einer Kurve, einer Sinuskurve zum Beispiel. Was in dieser Ebene der Biologie eingefangen werden kann, was sich da abbildet, sind ja nur die Schnittpunkte, wo die Kurve sich mit der Grundebene schneidet. Aber kein Wissenschaftler hat das Recht – und es wäre eines Wissenschaftlers unwürdig – zu stipulieren: Es gibt keine andere Projektionsebene. Also es kommt auf die Projektionsebene an. Und dann werden wir sagen, als Biologen kennen wir diese senkrechte Ebene nicht, aber sie mag existieren. Wir müssen uns offenhalten für die Möglichkeit, daß andere Projektionsebenen, andere Querschnitte durch die Realität existieren. Und wir dürfen nicht diese alleinseligmachende Position usurpieren: Nur der Biologe, nur der Evolutionstheoretiker, nur der Molekularbiologe hat ein Recht dreinzureden, wenn es um den letzten Sinn geht. Hier allerdings reichen wir die Fackel des Wenn-schon-nicht-Wissens, so des Etwas-Ahnens weiter an andere Wissenschaften, oder aber wir müssen sie zurückerstatten diesem im Menschen tief verwurzelten Selbstverständnis, das auch den Mann in den Entwicklungsländern lehrt, worum es geht, denn der weiß es ja längst.

Die Tag- und die Nachtseite der Wirklichkeit

K: Herr Professor, weil ich diese Metapher aus Ihren Büchern kenne, habe ich hier bei mir ein in dieser Beziehung bemerkenswertes Buch: *Jenseits der Erkenntnis – die Gnostiker von Princeton.* Ich erwähne es, weil die gleiche Denktendenz in Amerika im Kreise von empirischen Forschern um sich greift, die mit einer anderen Metapher – es sind ja das alles nur Metaphern für wissenschaftlich nicht Darstellbares – eine »Außenseite« und eine »Innenseite« der Welt annehmen. Etwa den Unterschied zwischen einer Kugel, die man von außen sieht – ist gleich empirische Wissenschaft –, und einer Kugel, die man von innen sieht, was ja auch eine Kugel ist, aber doch eine ganz andere als die von außen betrachtete. Die Gnostiker nehmen an, daß die Welt eine uns mit unseren Sinnen, auch mit unseren Denkapparaten nicht ohne weiteres erfaßbare Innenseite habe, die sich von der Außenseite dieser Welt unterscheidet wie die Glanzseite eines Stoffes von der Kehrseite eines Stoffes. Ist das eine Denkrichtung, die mit Ihrer konvergiert?

F: Absolut. Aber sie ist nicht ganz neu. Ich würde sagen, auf Anhieb – ich improvisiere diese Antwort auf Ihre improvisierte Frage –, daß die ja schon vorweggenommen wurde von Gustav Theodor Fechner, dem Mann, der die Psycho-Physik-Theorie im vorigen Jahrhundert entwickelt hat. Er spricht von der »Tag«- und »Nacht«-seite der Wirklichkeit und meint genau dasselbe. Und das kommt dem natürlich sehr, sehr nahe. Und es wäre ja auch wichtig, daß man im Unterricht schon in der Mittelschule zeigt, daß die Wissenschaft keineswegs das letzte Wort zu sprechen hat in bezug auf: »Was ist nun real, und was nicht?« Das sind ja Dinge, die auch Paul Watzlawick in seiner Kommunikationstheorie anpeilt. Also es ist so: Als Wissenschaftler sind wir bescheidener geworden. Aber als Logotherapeut, möchte ich gleich anhängen, als Logotherapeut bin ich anspruchsvoller geworden. Obzwar ich nicht glaube, daß die Wissenschaft das letzte Wort, das letzte Urteil in bezug auf real und irreal zu sagen hat, so meine ich doch, daß in bezug auf die dem Kern des Menschseins nahekommenden Fragen, wie im Fall der Sinnfrage, wir auch schauen müssen, daß wir das, was wir intuitiv erfaßt haben und dann als Leitlinien unserer Krankenbehandlung anwenden, daß wir das auch auf ein wissenschaftliches Fundament stellen. Und die empirische Forschung ist da sehr wichtig. Es gibt jetzt 73 Dissertationen über Logotherapie, die fast durchwegs empirische Validierungen und Verifikationen darstellen.

K: Religiös fundierter Sinn; Meta-Sinn, verstanden als Einsicht in eine nächsthöhere Dimension; vielleicht wäre hier auch die Auffassung Ludwig Wittgensteins zu erwähnen, der alle Wertfragen von Ästhetik und Ethik bis zur Religion aus dem Reich der Wissenschaft ausschließt, wenn er sagt, daß die Sinnthematik nicht zu jener Welt gehört, über die man etwas sagen kann, so daß man über sie schweigen muß; der Sinn gehört nicht zur Welt, er »zeigt sich«. Der Sinn liegt jenseits der Grenze der empirischen Welt, wie das Ich, wie der Tod, wie Gott. Die Wissenschaft kann also Lebensprobleme nicht lösen.

F: Ich habe sehr früh mit dem Wiener Kreis zu tun gehabt. Edgar Zilsel aus dem Wiener Kreis war mein erster Lehrer an der Volkshochschule. Dort habe ich mit fünfzehn Jahren einen Vortrag gehalten über den »Sinn des Lebens«. Da habe ich dargelegt, wozu ich heute noch stehe, daß der Mensch nicht befugt ist zu fragen: »Was ist der Sinn meines Lebens?«, sondern daß es das Leben selbst ist, das unentwegt ihn mit Fragen konfrontiert, die er zu beantworten hat. Er ist der Antwortende oder Antworten-Sollende. Er antwortet nicht in Worten, sondern im Tun, im verantworteten Tun. Und das heißt: Der Mensch ist der Befragte, und jede Lebenssituation ist eine Frage. Der Mensch im Alltag, in der konkreten Alltagssituation – der reflektiert gar nicht. Er weiß: Jetzt habe ich das zu tun. Das ist die Welt jenseits oder, besser gesagt, diesseits aller Theorien, die uns unmittelbar angeht, anspringt wie eine Gestalt in der Gestaltwahrnehmung. »Die Welt diesseits aller Theorien« ist praktisch identisch mit dem Apriori, nicht nur im Sinne von Kant, sondern auch im Sinne von Lorenz. Wir »sind« ja letzten Endes unsere Werte – in der Arbeit, die ich 1925 bei Adler publiziert habe, steht es bereits drin. Wir können letzten Endes gar nicht anders als diese und jene Werte für Werte halten – das ist eingebaut in unsere »condition humaine«. Stellen Sie sich doch vor, ein Kranker erbarmt Sie, Sie haben Mitleid mit ihm, Sie fühlen mit ihm und möchten ihm helfen: Tun Sie es dann, um ein Sinnlosigkeitsgefühl loszuwerden, oder einfach, weil Sie es müssen, das heißt, weil Sie das Mitleid mit dem Kranken eben *sind* – Sie *sind* dann der Wert,

genannt *anderen Menschen helfen*. Das heißt existentielle Veran-
kerung von Werten! Und so weit müssen wir letzten Endes auch
in der Psychotherapie zurückgehen, bis zu diesen Quellen, bis
zu diesen Uranfängen.

K: Hier muß man wohl an Goethes *Faust* denken: Die Trans-
ponierung des biblischen Satzes »Im Anfang war das Wort« über
den Versuch »Im Anfang war der Sinn« bis hin zur Festlegung
»Im Anfang war die Tat« wäre also gar nicht notwendig. Denn
»Im Anfang war der Sinn« und »Im Anfang war die Tat« bedeuten dasselbe.

F: Man könnte sagen: »Im Anfang war der Sinn, und siehe,
der Sinn war die Tat.« Nicht in Worten, sondern im Tun, und
zwar im verantworteten Tun, antworten wir dem Leben.

Die Welt ist keine Als-ob-Welt

K: Weil Sie Paul Watzlawick erwähnt haben, der – im übrigen
ebenfalls Österreicher – im Spektrum der möglichen Antworten,
ob es einen Sinn objektiv gibt, eine weitere Möglichkeit bietet:
Im Grunde ist seine These der Verzicht auf dieses Suchen nach
dem absoluten, letzten, greifbaren Sinn und das Sich-Abfinden
mit der Welt als einem Phänomen komplexer Täuschungen. Die
Wirklichkeit wird uns eben durch unsere soziale Wirklichkeit,
durch die Kommunikation auferlegt. Was im Bild hieße: Wir
müssen zwar in einem Spiegelkabinett der Täuschungen leben,
nur die Spiegel müssen richtig stehen. Wenn uns die Spiegel richtig zugeordnet sind, so daß wir uns in unserer kommunikativen
Umgebung wohlfühlen, können wir damit zufrieden sein.

F: Ich glaube, er kann damit zufrieden sein, irgendwie, unter
Umständen könnte ich selbst zufrieden sein, aber unsere Patienten und die Menschen, die auf uns warten, auf ein Wort von uns
warten, die würden sich damit nicht begnügen. Und zwar deshalb, weil der Mensch in seiner Sinnsuche ja genauso wie in seiner Wahrheitssuche auf Objektivität von so etwas wie Sinn und
Wahrheit ausgerichtet ist. Nehmen Sie an, ich möchte nach Ta-
hiti. Ich werde mich niemals damit begnügen, daß ich statt dessen einen Werbeprospekt, ein großes Plakat von einer schönen

Insel in mein Fenster hineinstelle und jeden Tag beim Aufstehen hinschau'. Und sehen Sie, das ist der eigentliche fundamentale Irrtum der Menschenbilder, wie sie den bisherigen Therapien zugrunde liegen. Daß sie den Menschen für eine Monade halten. Daß sie nicht Psychologien sind, sondern Monadologien. Daß sie glauben, der Mensch ist ein geschlossenes System, eine Monade ohne Fenster und Türen. In Wirklichkeit liegt es im Wesen des Menschseins, daß es sich selbst transzendiert, daß es mir um etwas geht in meinem Leben, was nicht wiederum ich selbst bin – um etwas oder um jemanden: um eine Sache oder um eine andere Person. Und das wird vergessen. Daher würde ich mich nicht damit begnügen, wenn es mir nur darum ginge, Bedürfnisse der Konsumgesellschaft abzustillen oder Triebe abzureagieren, im psychodynamischen Sinne, oder auf Reize zu reagieren, im behavioristischen Sinne. Sondern ich will in der Welt draußen etwas tun, nicht abreagieren oder reagieren, sondern agieren, ich will etwas verändern in der Welt. Ich will mich nicht einlullen lassen. Das ist doch dieser fundamentale, sagen wir existentielle oder vielleicht erkenntnistheoretische Irrtum der Drogenszene. Die Leute erzeugen in sich aus der Sinnlosigkeit heraus ein Sinngefühl, das ein bloß subjektives Gefühl ist. Aber draußen warten die Aufgaben, und die Leute gehen daran vorbei, genauso wie die Ratten von Olds und Milner in Kalifornien: Denen hat man Elektroden ins Gehirn versenkt, und dann hat man durch Knopfdruck Orgasmus und Befriedigung des Nahrungstriebes erzeugen können. Und was ist geschehen? Die Ratten haben gelernt, indem sie draufgesprungen sind auf eine Taste, sich bis zu 50000mal am Tag selber zu befriedigen, bezüglich des Nahrungstriebes oder des sexuellen Triebes. Und was war das Ergebnis? Wenn man ihnen wirkliche Nahrung offerierte oder wirkliche sexuelle Rattenpartner, ließen sie die links liegen und befriedigten sich lieber selbst. Das sind Monaden, aber das sind Artefakte, nicht einmal ein normales Tier würde so reagieren, wie ja Konrad Lorenz zeigt. Und kein normaler Mensch, der unverbildet ist, gibt sich zufrieden damit, daß man ihm irgend etwas vorspiegelt. Er will wirklichen Sinn haben. Und den partikulären Sinn kann er finden. Daß er den letzten Sinn zwar sucht, aber nicht immer findet, zumindest als nichtreligiöser Mensch nicht findet, das gehört zur »condition humaine« dazu. Ein Stück Resignation ist in unser Menschenleben eingebaut.

Ein Haken, in eine Felswand geschlagen

K: Herr Professor, um noch ein Stück Spektrum in der Beantwortung der Sinnfrage anzusprechen: Sie haben Lorenz erwähnt. Diese durch und durch naturwissenschaftliche österreichische Biologenschule, die jetzt von Professor Riedl verkörpert wird, bemüht sich sehr aktiv, ohne den Versuch, die Grenzen der Wissenschaft zu überschreiten, durchaus in den Grenzen der Wissenschaft, eine Antwort auf die Sinnfrage zu finden. Sie wurde zuletzt so versucht: Ausgehend von Erkenntnissen Einsteins, zurückgehend auf Kant, wird herausgearbeitet, daß wir ja die Grundkategorien unseres Erkennens, Raum, Zeit und auch Kausalität nicht so denken können, wie sie der äußeren Wirklichkeit entsprechen, daß aber trotzdem ein Korrelat dieser Kategorien in der äußeren Welt vorhanden sein muß.

F: Wie Lorenz es bereits in den vierziger Jahren als biologisches Apriori bezeichnet ...

K: Und nun wird insbesondere in Richtung der Kausalität weitergedacht, mit dem Versuch, die Kausalität komplexer zu deuten, so, daß Kausalität auch die Finalität als eine Abart der Kausalität einschließt. Es ist offenbar, daß hier tatsächlich ein Mangel unserer Hirnstruktur vorliegt, weil wir das komplizierte Wirkungsgeflecht von Ursachen, die uns zum Teil als Zwecke erscheinen, nicht so wahrnehmen können, wie sie draußen in der »wirklichen« Wirklichkeit sind. Diese Theorie sagt, daß die wirkliche Erkenntnis der Kausalität, die die Finalität einschließt, möglicherweise auch eine Beantwortung auf das Komplexeste in diesem Bereich der Zwecke, nämlich auf den Sinn, ergeben könnte. Im Sinne der Evolution heißt es – ich zitiere –, daß die treibenden Kräfte »von unten«, die uns bis jetzt als die einzig wissenschaftlich beweisbaren erschienen, ergänzt werden von scheinbar – für unsere Sinne scheinbar – »von oben« ziehenden zweckhaften Kräften. Vielleicht etwa so – Sie sind ja Bergsteiger –, wie ein Kletterer senkrecht durch eine Wand steigt, nicht nur, indem er von unten mit den Füßen schiebt, sondern, indem er über sich einen Haken einschlägt und sich mit dem Seil aufzieht. Wenn man also diesen Haken über sich als das Finale, als das Zweck- und Sinnhafte in der Evolution und in unserem Sein betrachtet, dann ist ja hier eine durchaus reale Erklärung gefunden: Es zieht uns etwas hinauf, aber das ist ein Haken, den wir selber eingeschlagen haben, das ist ein Seil, an dem wir selber ziehen können.

F: Den haben wir ja von unten mitgebracht, den Haken, nicht wahr?

K: Ist das eine Denkrichtung, die Sie noch nicht anerkennen müssen, aber die für Sie durchaus konvergent ist mit Ihren eigenen Vorstellungen? Die aber absolut naturwissenschaftlich ist …

F: Auf jeden Fall ist diese Denkrichtung parallel. Aber ich bin überzeugt, bei näherem Zusehen oder früher oder später würde sich auch ergeben, daß diese Richtungen ganz in Ihrem Sinne konvergieren. Und ich glaube, daß uns da tatsächlich eine große Erkenntnis, blitzartige Erkenntnis bevorsteht, ganz im Sinne einer Entwicklung, einer Evolution der Wissenschaft oder des menschlichen Wissens, im Sinne von Konrad Lorenz, der ja hierfür den Begriff der Fulguration geprägt hat, des blitzartigen Auftretens eines Novums. Genauso wie in eine neue Dimension ein Einstieg erfolgt, von der Materie in den Bios, vom Bios in die Psyche, von der Psyche in das spezifische Humanum, so würde es da auch innerhalb der Wissenschaft zu einem Quantensprung kommen, eben zu einer Fulguration, denn der Blitz der Fulguration müßte ja auch eine erkenntniserhellende Wirkung haben, wenn man Konrad Lorenz richtig versteht.

K: Wenn man hier Lorenz zu verstehen versucht, dann ist ja die Fulguration auf jeder Ebene, sowohl in der Evolution der Natur wie in der Evolution unseres Geistes, verbunden mit der blitzartigen Belichtung einer »Photographie«, die dann erst nachher »entwickelt« wird. Die Frage ist: Wie kommt das Bild zustande? Es muß demnach präformiert sein, bis tief hinunter in die biologische Chemie. Und auch hier gibt es wieder Forscher, die versuchen, ganz ganz unten in der Evolution, dort, wo sich die großen Moleküle bilden, die Urkräfte dieser Selbstorganisation der Materie zu finden: Der »Hyperzyklus« von Manfred Eigen zum Beispiel.

F: Es ist auch der Begriff der Isomorphie. Der Isomorphismus spielt ja auch in der Gestalttheorie eine Rolle. Die Gestalt muß eine objektive Entsprechung in der Realität haben, sie kann nicht nur eine Erscheinung in unserem Gehirn und in unserer Psyche sein. Es ist also irgendwie eine Überbrückung des Subjekt-Objekt-Abgrunds, die erstmalig nicht von der Erkenntnistheorie und von den philosophischen Lehrkanzeln herabgepredigt wird, sondern von unten hinaufwächst, in der Biologie und besonders in der Evolutionstheorie, beziehungsweise besonders in der Molekularbiologie.

Ein Leuchtturm, auf den man zurückschaut

K: Heißt das, Herr Professor, um zu resümieren, daß Sie zwar Ihre Theorie, Ihre Lehre, Ihre Heilmethode durchaus selbständig und eigenständig entwickelt haben, nicht ununterbrochen in Rückfrage zu der Sie umgebenden empirischen Forschung, daß Sie aber doch auch von der Annahme ausgehen, es könnte Entwicklungen der empirischen Naturforschung geben, die Ihre Lehre bestätigen und die jedenfalls mit ihr konvergieren?

F: Zumindest müßte man danach Ausschau halten. Und ich glaube, es ist für die anderen Kollegen ja auch recht interessant zu sehen, daß jemand, der von vornherein nicht mit ihnen kooperiert hat, zu analogen Ergebnissen kommt. Ich erinnere mich in diesem Zusammenhang immer an ein sehr schönes und weises Wort meines großen Lehrers, dem ich leider niemals persönlich begegnet bin, aber der mich am meisten von allen beeinflußt hat, Max Scheler, der einmal sagt, es gibt eine Orientierung nach dem Leuchtturm. Das heißt, der Seefahrer, der den Hafen verläßt und ins freie Meer hinaussegelt, der schaut immer zurück und orientiert sich am Leuchtturm. Die Richtung, in die er fährt, ist keineswegs der Leuchtturm, im Gegenteil. Aber die Rückschau zeigt ihm, ob er auf dem richtigen Kurs ist. Und so muß man immer schauen: Wo stehen die anderen? Wo sind die anderen geblieben? In welche Richtung gehen die anderen? Und daran kann man ermessen, ob man im großen und ganzen auf der richtigen Spur ist, auf der richtigen Fährte, in diesem Fall nach dem Sinn.

K: Ich danke, Herr Professor.

Anhang zum Gespräch mit Viktor E. Frankl *

Frankl über die Nazis

K: Herr Professor, einen KZ-Häftling wie Sie muß man ja nicht nach seinem Verhältnis zum Nationalsozialismus fragen. Sie hatten ja gar keine Chance, mit dem Nationalsozialismus Kompromisse zu schließen, auch wenn Sie gewollt hätten. Wie denken Sie aber über jene, die Kompromisse eingegangen sind, die Kompromisse eingehen mußten. Ist für Sie das Leben im KZ die einzige Art und Weise, die Zeit des Nationalsozialismus ehrenhaft zu überstehen, oder gab es auch andere Methoden?

F: Sich auf diesen Standpunkt zu stellen, daß man in jedem Fall den Heroismus hätte aufbringen müssen, bevor man irgendeinen Kompromiß eingeht, lieber ins KZ zu gehen, sich auf diesen Standpunkt zu stellen hat man das Recht nur dann, wenn man für seine eigene Person den Beweis erbracht hat, daß man wirklich lieber dieses Opfer auf sich genommen hat, als irgendwie zu taktieren oder zu paktieren. Jedem, der während dieser Zeit im sicheren Ausland gesessen ist, spreche ich das Recht ab, da ein so hartes Urteil zu fällen.

K: Sie waren im KZ und fällen dieses Urteil nicht. Sie haben ja ein bemerkenswert positives Zeugnis zumindest diesem einen SS-Mann ausgestellt, den Sie im KZ kennengelernt haben ...

F: Im KZ Türkheim, ja ...

K: Das ist doch ein Hinweis, daß Sie nicht jeden verurteilen, der nicht als Häftling im KZ war.

F: Mir liegt eine solche Pauschalierung, eine solche Kollektiv-

---

* Aus: *Zeugen des Jahrhunderts*, Sendereihe des ZDF.

schuldkonzeption eben deshalb fern, weil ich nicht Nationalsozialist war. Denn für mich ist Nationalsozialismus letzten Endes ein modernes Heidentum. Wenn Sie an den Rosenbergschen *Mythos des zwanzigsten Jahrhunderts* denken, so ist für ihn der Mensch das Produkt von Blut und Boden, wie die Phrase gelautet hat. Und das ist genau das, worüber man zumindest im abendländischen Denken seit Jahrtausenden hinweggekommen ist. Das heißt, für uns ist es nicht mehr so, daß der Mensch so und so sein muß, weil er »aus diesem Boden« oder »auf diesem Boden« gewachsen ist und weil dieses oder jenes »Blut« in ihm fließt. Das heißt, die Zugehörigkeit zu einem bestimmten Land und Boden, beziehungsweise das einer bestimmten Nation oder einem bestimmten Volk Angehörigsein ist nicht das, was den Menschen ausmacht, sondern es gibt ihm Möglichkeiten. Es gibt ihm Möglichkeiten im positiven genauso wie im negativen Sinn. Man kann aus seinem Preußentum, aus seinem Wienertum Verschiedenes machen. Die Anlage ist wertneutral, aber was ich daraus mache, das ist meine Sache. Ich kann ein Preuße sein im Sinne des Kasernenhofdrills, ich kann ein Preuße sein im hehren Sinne des Kantischen ethischen Rigorismus. Ich kann ein Wiener werden im Sinne von Schlamperei und Charakterlosigkeit und Rückgratlosigkeit oder einer »Herr Karl«-Mentalität, ich kann aber auch ein Wiener sein im Sinne schönster Gemütlichkeit und größter Empathie für andere Kulturen, die herausgewachsen ist aus der Tatsache, daß Wien Metropole eines Vielvölkerstaates war.

K: Weil das zu dieser Frage sehr wichtig ist: Wie war das mit dem SS-Mann im KZ Türkheim?

F: Dieser SS-Mann war der Lagerkommandant in dem letzten Lager, aus dem ich dann von den Amerikanern befreit wurde. Er war ausgesprochen menschlich zu uns allen. Ich habe Gelegenheit gehabt, ihn zu beobachten, auch aus der Nähe, und dann, wie die Amerikaner einmarschiert sind, haben drei Judenjungen, ungarische Judenjungen, diesen SS-Mann, ihren Lagerkommandanten, in den Wäldern versteckt, sind zum Truppenkommandanten der Amerikaner hingegangen und haben gesagt, sie liefern ihn nur aus, wenn der Amerikaner sein Offiziersehrenwort verpfändet, daß er ihm kein Haar krümmen wird. Das hat er gegeben. Die drei Judenjungen haben diesen SS-Mann aus den Wäldern geholt, und der amerikanische Truppenkommandant hat den ehemaligen Lagerkommandanten damit betraut, weiterhin Lagerkommandant zu sein und Kleider- und Lebensmittelsammlungen in den umgebenden Dörfern zu organisieren.

Frankl über Kommunismus

K: Ist für Sie Kommunismus einfach ein Gegenstück zum Nationalsozialismus oder doch etwas ganz anderes?

F: Das läßt sich in der Kürze nicht sagen, inwiefern er etwas ganz anderes ist. Ich selbst war in jungen Jahren Mitglied der Sozialistischen Partei und Funktionär der Sozialistischen Arbeiterjugend und eine Zeitlang geschäftsführender Obmann der Sozialistischen Mittelschüler Österreichs.

K: Sie kennen also den Marxismus auch von innen.

F: Ich kenne den Marxismus sehr genau. Aber für mich bedeuten Kommunismus, Sozialismus und so weiter nicht viel, sondern für mich gibt es eine Wasserscheide sozusagen, eine Trennungslinie zwischen einer Politik, die ich unterschreiben kann, und einer Politik, bei der ich es nicht tun kann. Und zwar ist die Unterscheidung dort zu suchen, wo die einen Politiker auf dem Standpunkt stehen, daß der Zweck die Mittel heiligt, während die andere Art von Politikern ganz genau weiß, daß es Mittel gibt, die selbst den heiligsten Zweck zu entweihen vermöchten. Ob ein Mittel anwendbar ist oder nicht, entscheidet das allerpersönlichste Gewissen. Es ist zum Beispiel so, daß der aktuelle Terrorismus nur so zu erklären ist, daß die Terroristen ein existentielles Vakuum erlebt haben, das heißt, sie haben aus einem Sinnlosigkeitsgefühl heraus die Flucht nach vorn angetreten. Aber das Wesentliche ist, daß das Gewissen, das uns ja im allgemeinen diesen Sinnfindungsprozeß ermöglicht, bei ihnen seine Funktion aufgegeben hat, nämlich seine Veto-Funktion. Denn das Gewissen muß mir letzten Endes als letzte Instanz sagen, ob gewisse Mittel im politischen Kampf, selbst um der heiligsten Zwecke willen, anwendbar sind oder nicht.

K: Aber eines ist doch klar, und das mag ein Unterschied zum

Nationalsozialismus sein, daß der Kommunismus die Perversion einer an sich humanitären Lehre ist. Glauben Sie, daß der Kommunismus auf irgendeine Weise – Prager Frühling, Eurokommunismus – zurückfinden kann zu dieser humanitären Wurzel, oder ist ihm das durch seine bisherige Entwicklung verwehrt?

F: Theoretisch müßte es möglich sein. Und unter Dubcek hatte man das Gefühl, daß es möglich ist. Aber die Enttäuschung war groß. Aber man darf die Hoffnung, auch die politische Hoffnung, selbst wenn es eine utopische Hoffnung ist, wohl nicht aufgeben. Und zwar deshalb, weil daraus unser Aktivismus erwachsen müßte. Denn wir wissen, wessen der Mensch fähig ist. Und wenn wir nicht alles daransetzen, dann wird es immer ärger werden.

Frankl über das Glück

K: Herr Professor, eine Frage, die banal klingt, vielleicht aber gerade für Sie eine bedeutsame Frage ist: Leben wir, um glücklich zu sein?

F: Ich bestreite auf das entschiedenste, daß der Mensch ursprünglich und eigentlich Glück sucht. Was der Mensch will, ist, einen Grund dazu zu haben, daß er glücklich wird. Hat er einmal den Grund, dann stellt sich das Glück von selber ein. Strebt er aber statt nach einem Grund zum Glücklichwerden nach dem Glück selbst, dann versagt es sich ihm, dann entzieht es sich ihm. Und das ist eine Sache, die wir als Nervenärzte bei unseren Sexualneurotikern ja täglich, stündlich, sprechstündlich sehen, daß gerade in dem Maße, in dem ein Patient seine Potenz demonstrieren will, er auch schon impotent wird. Daß in dem Maße, in dem eine Patientin versucht, ihre Fähigkeit, einen vollen Orgasmus zu erleben, zu demonstrieren, sie in demselben Maße schon gehandicapt ist und keinen Orgasmus haben kann: Wie Kierkegaard sagt ...

K: »Die Tür zum Glück geht nach außen auf ...«

F: Wenn man in den Raum hineindringt, verschließt sie sich. Oder wie Rabindranath Tagore einmal gesagt hat, in einem ganz kurzen epigrammatischen Gedicht: »Ich schlief und träumte, das Leben wäre Freude. Ich erwachte und sah, das Leben war Pflicht. Ich arbeitete – und siehe, die Pflicht war Freude.«

Frankl und der Fortschritt

K: Was ist Fortschritt? Ist der Fortschritt ein Fortschritt? Daß der Fortschritt der Evolution durch Weglassung der uns leitenden Instinkte, der Fortschritt unserer Geschichte durch Verlust der Tradition zu den großen Problemen unserer Zeit führt, ist keine Frage. Muß es hier ein »Zurück« geben, oder kann der Fortschritt »fortschrittlich« gemacht werden? Oder gibt es nur den Fortschritt, der, wie Brecht sagt, »von Menschen fortschreitet«?

F: Der technische Fortschritt ist offenkundig. Aber ich glaube nicht an einen blinden, automatischen Fortschritt, was die Kultur anlangt. Ich zweifle daran, daß in den letzten zweieinhalbtausend Jahren die Menschen im großen und ganzen moralisch fortgeschritten sind. Man hat vielleicht die Moralität des Menschen durch die modernen Kommunikationsmittel mehr in das Blickfeld von Publicity rücken können, was natürlich sehr wichtig ist. Aber wir haben dafür auch zahlen müssen. Wenn Sie zum Beispiel bedenken, daß die modernen Kommunikationsmöglichkeiten sich auch im Folgenden äußern, dann werden Sie meine Skepsis verstehen: Wir leben doch bekanntlich in einer Zeit der Eskalation der Selbstmorde, und in Detroit, der berühmten Autostadt, gibt es viele Selbstmorde. Für sechs Wochen ist allerdings plötzlich die Selbstmordrate abgesunken und nach sechs Wochen ebenso plötzlich wieder in die Höhe geschnellt. Wissen Sie, was während der sechs Wochen los war? Ein kompletter Zeitungsstreik. Über keinen Selbstmord konnte berichtet werden, man konnte die Sache nicht breittreten, und das hat sofort dazu geführt, daß weniger Selbstmorde passiert sind. Man erkennt die Verantwortung der Massenmedien im allgemeinen auch. Bedenken Sie doch nur, in welchem Ausmaß die den Menschen einfach für blöd halten und damit blöd machen. Genauso wie es so und so viele Idioten gibt oder zumindest gegeben hat, die nur deshalb Idioten geworden und dann geblieben sind, weil irgendein Psychiater sie als nicht lernfähig fehldiagnostiziert hat. So und so viele Menschen in unserem Publikum wollen beansprucht werden, wollen gefordert werden, wollen ernstgenommen werden, aber die Medienleute denken, die sind doch dafür viel zu blöd, und die anspruchsvolleren Sendungen werden in irgendwelche Spätabendsendungen verräumt.

Frankl und die Technik, Frankl und die Berge

K: Welche Rolle spielt Ihrer Meinung nach die Technik in unserem Leben? Dazu eine Detailfrage: Fahren Sie Auto?

F: Ich fahre Auto, aber Sie finden meinen Wagen die Woche über eigentlich nur auf dem Parkplatz der Poliklinik und am Wochenende auf dem Parkplatz der Raxseilbahn. Denn das Auto ist für mich eigentlich nur dazu da, um möglichst rasch ins Gebirge zu kommen, und die Seilbahn, um möglichst rasch aufs Raxplateau zu kommen, denn dort in der Höhe fühle ich mich am wohlsten, und dort strapaziere ich mich. Das Hatschen zur Wand fällt mir schon schwer, aber das Klettern geht noch.

K: Glauben Sie, daß Sie das noch bis ins ganz hohe Alter hinein können werden?

F: Das weiß ich nicht. Ich will nichts prophezeien, will es aber auch nicht ausschließen. Ich möchte allerdings eines betonen – denn das soll ja die Lektion davon sein, die Moral von der Geschichte: Ich bin einmal durch die Preiner Wand geklettert, und der Gruber-Naz hat mich geführt, und während er dort sitzt und sichert und mich nachkommen läßt am Seil, sagt er: »Sind S' mir net bös, Herr Professor, aber wann i eana so zuaschau, Sie haben überhaupt ka Kraft mehr. Aber wissen S', wie Sie das wettmachen durch raffinierte Technik, Klettertechnik, i muaß scho sagen, von eana kann man klettern lernen.« Stellen Sie sich vor, das sagt mir ein Mann, der soeben von einer Himalaya-Expedition zurückgekommen ist. Jetzt wissen Sie, daß ich nicht frei von Stolz bin. Und jetzt wissen Sie, was ich unter Technik verstehe.

K: Herr Professor, es scheint fast widersinnig, Sie nach den Beschwerden des Alters zu fragen. Man muß eher fragen: Wie verstehen Sie es, diese Beschwerden so gut zu verheimlichen? Oder haben Sie wirklich keine?

F: Ich habe Beschwerden, und ich habe auch nichts gegen das Altern, solange ich mir einbilden darf, daß ich in dem Maße, in dem ich altere, noch immer reife. Und daß ich noch immer reife, das geht vielleicht am besten daraus hervor, daß ich mit einem Manuskript, das ich vor zwei Wochen abgeschlossen habe, zwei Wochen später bereits nicht mehr zufrieden bin.

K: Wann haben Sie jemals Erscheinungen des Alters wahrgenommen? Sie sind ja als Psychiater besonders befugt auch in der Selbstbeobachtung. Wann bemerkt man, daß man altert? Wann haben Sie es bemerkt?

F: Das kommt ganz darauf an. Leute bemerken, daß sie älter geworden sind, wenn man ihnen Sitzplätze in der Straßenbahn anbietet, aber nachdem das heutzutage nur ganz ausnahmsweise geschieht, müßten die Leute eigentlich sehr jung bleiben. In jeder Sparte ist es anders, und als Arzt weiß ich, daß zum Beispiel die Linse im Auge bereits mit zwanzig Jahren zu altern beginnt. Noch früher beginnen Ganglienzellen im Gehirn abzusterben. Also biologisch altern wir schon von früher Jugend an. Aber wie Charlotte Bühler einmal betont hat: Während es biologisch mit uns bergab geht, geht es biographisch mit uns bergauf.

K: Haben Sie subjektiv den Übergang von einem Lebensstadium ins andere als das erlebt, was man modischerweise »midlife-crisis« nennt, also als einen dramatischen Einschnitt oder in mehreren Schüben oder als kontinuierlichen Vorgang?

F: Eher kontinuierlich. Das erlaubt einem auch, sich anzupassen. Denn die Anpassungsfähigkeiten sind praktisch grenzenlos. Es geht nicht darum, was man im Alterungsprozeß erlebt, sondern wie man sich dazu einstellt, wie man ihn verarbeitet und wie man aus dem Negativen noch etwas Positives zu gestalten versucht.

Frankl und der Tod

K: In der wissenschaftlichen und pseudowissenschaftlichen Diskussion über die »midlife-crisis« wurde unter anderem definiert, von wo sie sich herleitet. Als Hauptmerkmal wurde damals zur Diskussion gestellt, es könnte die erste echte Konfrontation mit der Todeserwartung sein, das erste echte Hinschauen auf den Tod. Finden Sie, daß das die richtige Definition ist? Wie war das bei Ihnen? Seit wann denken Sie konkret an den Tod?

F: Das erste Mal, erinnere ich mich, mit vielleicht vier oder fünf Jahren, da bin ich in der Nacht aufgewacht und draufgekommen, daß auch ich einmal sterben werde, also nicht nur: »Gaius ist ein Mensch, Menschen sind sterblich, also ist Gaius sterblich«, sondern auch ich bin sterblich. Und seither habe ich mich immer wieder mit dem Tod konfrontiert. Man kann sich nicht früh genug und man kann sich nicht oft genug mit dem Tod konfrontieren. Denn wenn Sie das Beste aus Ihrem Leben herausschlagen wollen, dann müssen Sie die Tatsache des Todes, die Tatsache der Sterblichkeit, die Tatsache der Vergänglichkeit des menschlichen Daseins ununterbrochen in Rechnung stellen. Denn wenn der Tod nicht wäre, könnten wir ja unendlich lang leben und alles aufschieben – nichts müßte heute geschehen, alles könnte morgen, könnte in einem Jahr, in hundert Jahren geschehen. Nur die Tatsache der zeitlichen Begrenzung unseres Daseins ist der Ansporn, die Zeit und jede Stunde und jeden Tag zu nützen. Wenn wir das Ganze durchdenken, dann schreckt uns der Tod auch gar nicht, also nicht nur, daß er notwendig ist für die Sinngebung des Lebens, er macht die Sinngebung auch nicht zunichte. Denn was heißt das: Alles ist vergänglich? Das heißt, daß wir es ins Vergangensein hineinretten, wo es nicht unwiederbringlich verloren, sondern unverlierbar geborgen bleibt. Was wir tun, was wir schaffen, was wir erleben, was wir durchleiden, tapfer und anständig, das haben wir ja ein für allemal getan. Wenn ich eine Sinnmöglichkeit sehe und diese Sinnmöglichkeit verwirkliche, indem ich den Sinn erfülle, dann habe ich sie ins Vergangensein hineingerettet. Auch Vergangensein ist noch eine Art von Sein, vielleicht die sicherste Form, denn nichts und niemand kann uns dessen berauben, was wir im Vergangensein deponiert haben. Im allgemeinen sehen die Menschen immer nur die Stoppelfelder der Vergänglichkeit. Was sie übersehen, sind die vollen Scheunen des Vergangenseins. In die Scheunen haben sie längst schon ihre Lebensernte eingebracht, und nichts und niemand kann das aus der Welt schaffen, was sie dort niedergelegt, deponiert, aufbewahrt haben, aufgehoben haben im Hegelschen Sinne der Aufhebung und des Aufbewahrens.

K: Das heißt: Eine Pille, die uns den Tod vergessen ließe, würde auch den Sinn aus unserem Leben fortschaffen.

F: Sie würde uns inaktivieren. Sie würde uns lahmlatschert machen. Sie würde uns paralysieren, wir würden gar keinen Ansporn haben zum Handeln. Wir würden das Verantwortlichsein, das Verantwortungsbewußtsein für das Ausnützen jeden Tages und jeder Stunde, und das heißt für die Erfüllung eines Sinnes, wie er sich bietet, momentan anbietet, verlieren. Es gibt im Alten Testament einen Spruch des Weisen Hillel. Das war einer der Begründer der zwei ursprünglichen Talmudschulen. Und Hillel, behauptet man, sei der Lehrer von Jesus gewesen. Und dieser Wahlspruch von ihm, das können Sie in jeder Bibel nachschlagen, lautet: »Wenn ich es nicht tu, wer wird es tun? Und wenn ich es nicht jetzt tu, wann soll ich's tun? Und wenn ich's nur für mich selbst tu, was bin ich?«

Frankl über das Leben nach dem Tod

K: Diese Frage schließt wohl auch die Frage ein, ob Sie sich einen Sinn des Lebens nur vorstellen können, wenn das Leben auch nach dem Tod in einer uns nicht faßlichen Weise weitergeht ...

F: Ich kann mir den Sinn des Lebens auch anders vorstellen, und ich muß ihn mir auch anders vorstellen, einfach deshalb, weil ich die Frage, was nach dem Tod geschieht, besonders mit uns Individuen, nicht für legitim halte. Da gebe ich den Positivisten recht, die sagen, daß diese Frage sinnlos ist. Und zwar aus einem einfachen Grund: Im »Augenblick« unseres Todes fällt die Zeitkategorie automatisch weg. Ich halte es für sinnlos, von der Todessekunde angefangen, von einem »Vorher« oder einem

»Nachher« zu sprechen, und daher fallen auch Fragen wie Re-
inkarnation, überhaupt Fortleben nach dem Tode für mich weg.
Die Zeitkategorie stirbt mit uns. Wir nehmen uns keine Zeitkategorie und keine Raumkategorie ins Grab, in den Sarg mit.
Raum und Zeit finden keinen Platz in unseren Särgen.

K: Man könnte also auch sagen: Wir treten somit in die Ewigkeit ein.

F: Ja, das kann man sagen. Denn die Ewigkeit ist ja nicht eine
ins Unendliche verlängerte Zeit, sondern die Ewigkeit ist jenseits
von Raum und Zeit.

Frankl und Gott

K: Ist damit auch die Frage nach Ihrem Glauben, nach Ihrem
Gottesglauben beantwortet?

F: In gewissem Sinne schon, weil das, was ich gesagt habe, ein
Anti-Anthropomorphismus ist, also eine kritische Einstellung
gegenüber den primitiven oder sagen wir naiven religiösen Vorstellungen. So banal und obsolet es klingen mag, ich würde doch
den Satz unterschreiben: Religion ist Privatsache. Und das heißt,
daß sie in die Intimsphäre des menschlichen Daseins gehört. Vor
Jahrzehnten erröteten die Leute schamhaft, wenn man sie nach
ihrem Sexualleben fragte. Heute – wie ich Ihnen immer wieder
beweisen könnte – erröten die Patienten schamhaft, wenn man
sie – noch dazu in einem Hörsaal – nach ihrem privaten, intimen
religiösen Leben befragt. Und das hat seinen Sinn, denn die
Scham ist nicht etwas, was sozusagen eine moralistische, vor-
übergehende Erscheinung ist. Scham hat, wie Max Scheler und
Erwin Straus zeigten, die Funktion, das Intimste im Menschen
vor dem Zugriff der Öffentlichkeit zu bewahren; was man zu-
rückhält, schamhaft für sich behält, soll nicht zerredet, soll nicht
begafft, soll nicht preisgegeben, soll nicht Objekt werden. Und
wenn Sie bedenken, daß das Wesen des Subjekts darin besteht,
daß es, sich selbst transzendierend, auf Objekte ausgerichtet ist,
dann werden Sie verstehen, daß ich um so mehr Mensch bin,
Person bin, ich selbst bin, Subjekt bin, je mehr ich mich selbst
transzendiere, an eine Sache oder an eine andere Person hingebe.

Das heißt nun: Wenn ich liebe, dann vergesse ich mich selbst. Wenn ich bete, dann verliere ich mich selbst aus den Augen. Und etwas Ähnliches geschieht im Tod, im Sterben. Und wenn ich etwas zu reden hätte, so würde ich veranlassen, daß drei Dinge niemals fotografiert, niemals gefilmt werden dürfen: das Lieben, das Beten und das Sterben. Alle drei sind Reservate der intimsten Einsamkeit des Menschen, wo er ganz er selbst sein, werden und bleiben darf, ohne daß eine Öffentlichkeit ihn angafft.

Frankl und die Liebe

K: Der Kern des Obszönen ist das »Zum-Objekt-Machen« des Subjekts. Gilt das auch im Bereich von Liebe, Erotik, Sexualität?

F: Im besonderen Fall der Pornographie wird sogar aus dem Objekt des menschlichen Körpers womöglich noch der genitale Bereich hervorgehoben und präsentiert, isoliert präsentiert; und das verbarrikadiert jede Liebesregung. Liebe heißt die Einstellung einer Person als solcher zur Person eines anderen als solcher. Ein interpersonaler Bezug, der alles einschließt, auch die Sexualität, auch die Genitalität, auch die sexuellen Reize. Und umgekehrt: Die Isolierung des Genitalen, das Hervorheben des Sexuellen im Sinne eines L'art-pour-l'art-Standpunkts, Selbstzwecks, beziehungsweise eines bloßen Mittels zum Lustgewinn, schließt die Partnerschaft aus. Das ist sozusagen eine Sexualität ohne Ansehung der Person. Und das ist eine Entwürdigung des Menschen. Es gehört zu den tiefsten Entwürdigungen des Menschen, wenn man ihn zu einem bloßen Mittel zum Zweck macht – man meint ihn dann gar nicht mehr. Es gibt eine alternative Formulierung des kategorischen Imperativs von Kant, die besagt, daß der Mensch niemals als Mittel zum Zweck benützt werden darf. Das ist eine der Wurzeln aller marxistischen Moral, und man sollte annehmen, es sollte auch eine der Wurzeln aller Sexualmoral sein. Inzwischen ist es ja so, daß das Busineß, die »big industry« der Pornographie die Leute gängeln, indem sie ihnen einreden, die Freiheit von den sogenannten Tabus sei fortschrittlich – inzwischen ist sie ausgesprochen rückschrittlich, und zwar im streng psychoanalytischen Sinne regressiver Sexualität.

Frankl und das Vaterland

K: Volk, Nation, Vaterland – sind das Kategorien, die Ihnen auch in Ihrem eigenen Leben etwas gesagt haben? Etwa in bezug auf die Frage: Inwiefern sind Sie Österreicher, inwiefern Europäer, inwiefern Weltbürger?

F: Ich müßte vorerst sagen, daß ich glaube, man sollte keine dieser Kategorien dazu verwenden, um in der Zugehörigkeit ein Verdienst zu sehen, das man sich anrechnen kann. Das wäre genauso verfehlt, wie darin einen Makel zu sehen.

K: Bedeutet für Sie das Wort »Vaterland« noch irgend etwas, und sollte es etwas bedeuten, oder ist es durch die Geschichte überholt?

F: Es bedeutet für mich nicht viel, aber wenn es nicht viel bedeutet, so aus einem einfachen Grund: Weil ich es mit jenem angelsächsischen Dichter halte, der einmal gesagt hat: »Dort, wo ich verstanden werde, dort ist mein Vaterland.« Und es tut mir leid, daß ich sagen muß, daß ich in anderen Ländern früher und besser verstanden wurde als in meinem Vaterland.

K: Dieses Vaterland wäre Österreich gewesen – oder haben Sie jemals den deutschen Sprachraum als »Vaterland« in irgendeine Beziehung zu Ihrer eigenen persönlichen Geschichte gebracht? In den zwanziger Jahren etwa, als man Österreich noch als »Deutschösterreich« bezeichnete, als der ganze Schock des Nationalismus noch nicht über uns niedergegangen war ...

F: Ich muß sagen, die Frage ist für mich niemals aktuell geworden. Wenn ich daran denke, welche Dichter ich gerne gelesen und mit persönlichem Gewinn gelesen habe, dann müßte ich natürlich sagen, es handelt sich um den deutschen Sprachraum, dem ich mich verbunden gefühlt habe. Wenn ich aber daran denke, welche Lebensart ich am begierigsten in mich aufgenommen oder welche Luft ich geatmet habe im kulturellen Sinn, dann wäre es natürlich in erster Linie die Östereichs, genauer: Wiens. Denn in dieser »Luft« bin ich ja aufgewachsen.

K: Zuletzt eine ganz persönliche Frage – die Frage nach Ihren Eltern, nach der Bedeutung Ihrer Eltern für Ihr Leben, vielleicht auch nach den Erlebnissen Ihrer frühesten Kindheit mit Eltern, Geschwistern, mit Ihrer nächsten Umgebung.

F: Ich habe in meiner Kindheit sehr, sehr viel Geborgenheit erlebt. Und das mag mich beeinflußt haben. Ich habe meinen Vater für den Gerechtesten aller Gerechten gehalten, ich habe in meiner Mutter einen herzensguten und auch herzensfrommen Menschen kennengelernt, und mit den Geschwistern bin ich immer auf gutem Fuß gestanden. Mein Vater war Staatsbeamter und ist als Direktor im Sozialministerium in Pension gegangen. Er stammte aus Südmähren. Sein Vater war ein armer Buchbindermeister, und trotzdem hat sich mein Vater durchs ganze Medizinstudium durchhungern können, hat aber dann kein Stipendium für eine Militärarztlaufbahn bekommen und ist deshalb in den Staatsdienst übergetreten. Er war zehn Jahre lang Parlamentsstenograph und dann Privatsekretär eines österreichischen Ministers, Maria von Bärnreithers. Meine Mutter stammte aus Prag, aus einem Patriziergeschlecht in Prag. In der ersten Nachkriegszeit, schon in der Kriegszeit, zur Zeit des Ersten Weltkrieges, verarmte unsere Familie, wie alle Staatsbeamtenfamilien, und ich erinnere mich noch, daß wir Kinder auf die Bauernhöfe um Brot betteln gegangen sind und manchmal auch Kukuruz von den Feldern gestohlen haben. Und dann in der Nachkriegszeit ist es langsam besser gegangen. Dann kam die Inflation und die Weltwirtschaftskrise, aber wirtschaftliche und finanzielle Probleme sind für mich eigentlich niemals Probleme gewesen. Das Taschengeld, das ich gebraucht habe, um Bücher zu kaufen, habe ich mir durch Nachhilfestunden verdient. Und auch heute stehe ich noch auf dem Standpunkt: Der Sinn des Geldbesitzens kann für jeden vernünftigen Menschen nur ein einziger sein, und dieser Sinn ist, es sich leisten zu können, nicht an Geld denken zu müssen.

K: Sie haben die Eltern durch die Nazis verloren ...

F: Mein Vater und meine Mutter sind zusammen mit meinem Bruder und vielen Verwandten in den Konzentrationslagern umgekommen.

K: Diesen Schatten, den dieses furchtbare Ende Ihrer Eltern über Ihr Leben geworfen hat, haben Sie zum Teil in Ihrer Lehre, zum Teil in Ihrer Arbeit überwunden.

F: Sehen Sie, ich erinnere mich daran, daß ich einen oder zwei Tage, nachdem ich im August 1945 erfahren hatte, daß meine Mutter in Auschwitz ins Gas gegangen war, in einem Münchner Kino in der Wochenschau die Gaskammern und die Krematorien gesehen habe. Und ich erinnere mich ebenso genau daran, daß es mich überhaupt nicht mehr schockiert hat. Ich hatte schon vorher erfahren, daß der gütigste Mensch, den ich in meinem Leben kennengelernt habe, meine Mutter, dreizehn Minuten benötigte, um in der Gaskammer zu ersticken. Sie erfahren das und gehen hin und nehmen einen Strick und hängen sich auf – dann ist das irgendwie verständlich. Oder aber es gibt in Ihnen irgendwelche Ressourcen, die Sie in so einem Moment mobilisieren können – ich spreche absichtlich nüchtern-psychologisch –, dann macht es Ihnen auch nicht im geringsten etwas aus, wenn Sie Wochenschaufilme sehen, die Gaskammern und Krematorien zeigen. Das kommt dann nicht mehr an einen heran. Sie müssen in sich irgendwelche Ressourcen haben, die Sie angesichts einer solchen Welt, in der das möglich ist, vor dem sofortigen Selbstmord bewahren und zurückhalten – oder nicht. Aber wenn Sie sie haben, dann prallt das von Ihnen ab, dann gibt es keine Sentimentalitäten mehr.

K: In Ihrem Wohnzimmer hängt eines jener Bilder, das, wie man aus der Serie *Holocaust* weiß, im KZ gemalt worden ist. Es stellt eine unmittelbar auf das Schicksal Ihrer Familie bezogene Szene dar.

F: Ja. Es wurde in Theresienstadt gemalt von einem dieser Maler, die dann gefoltert wurden und dann umgekommen sind, wie es in *Holocaust* richtig dargestellt wird, und zwar war das ein seinerzeit sehr bekannter Brünner Maler, Professor Otto Ungar, und der war ein Cousin von mir. Dadurch bin ich in den Besitz dieses Bildes, das schon wiederholt in Ausstellungen war, gekommen. Und das Bild stellt eine Stelle außerhalb der Festungswälle von Theresienstadt dar – Theresienstadt war ja eine Festungsstadt. Das Bild zeigt jene Stelle, wo eine Zeitlang die Bestattungszeremonien stattgefunden haben. Und Sie sehen darauf ein Dutzend Särge – es sind natürlich immer wieder dieselben Särge verwendet worden –, und in einem dieser Särge, genau an dieser Stelle, habe ich die Leiche meines Vaters gesehen und so von meinem Vater Abschied genommen. Und im Hintergrund sehen Sie das Dach jener Kaserne, in der ich von meiner Mutter Abschied nahm, als ich nach Auschwitz ging. Sie kam eine Woche später an die Reihe und ging direkt ins Gas – das war der letzte Transport, der damals ins Gas ging. Und unter dem Dach dieser Kaserne habe ich von meiner Mutter Abschied genommen.

Von der Trotzmacht des Geistes *

Herr Bundespräsident! Meine Damen und Herren! Wenn von einer Trotzmacht des Geistes die Rede und damit die grundsätzliche Fähigkeit des Menschen – natürlich innerhalb der Grenzen des Menschenmöglichen – gemeint ist, auch noch den widrigsten Bedingungen und Umständen, äußeren Umständen ebenso wie inneren Zuständen, zu trotzen, das heißt sich stärker zu erweisen als all dies, dann muß ich diese Ausführungen leider mit einem Geständnis einleiten, und zwar insofern, als ich Ihnen gestehen muß, daß sich in meinem eigenen Fall die Trotzmacht des Geistes erst kürzlich praktisch auf Null belaufen hat. Und zwar kam das so, daß ich mich zunächst einmal mit Händen und Füßen dagegen sträubte, diese Ehrung und Auszeichnung von Ihrer Seite anzunehmen und hier einen Vortrag zu halten; zum Schluß habe ich aber erbärmlich und kläglich nachgegeben – Sie sehen also, in meinem Fall könnte man eher von einer Ohnmacht des Geistes sprechen. Und warum hatte ich mich gesträubt? Aus dem Grund, weil ich mich nicht für legitimiert hielt, denn das, was mich mit Rotary International verbindet, sind eigentlich nur zwei Dinge: erstens, daß wir beide 1905 geboren sind, zweitens, daß, wie ich Ihrem Material entnommen habe, Ihre Organisation im Dritten Reich verboten war, und ich in einem gewissen Sinne auch. Nachdem ich aber dann doch nachgegeben hatte, stellte sich die Frage, welches Thema oder gar welchen Titel ich wählen sollte, und da ich weiß, daß die einzelnen Rotariergruppen, die einzelnen Clubs nicht etwa, wie es zur Zeit von Noah

---

* Festvortrag Viktor E. Frankls anläßlich der 75-Jahr-Feier von Rotary International, Theater in der Josefstadt in Wien, 24. Februar 1980. (Niederschrift einer Tonbandaufnahme.)

noch üblich war, je ein Pärchen selektieren, sondern nur ein einziges Exemplar aus jeder Berufssparte, ergab sich daraus die Tatsache, daß ich es doch mit einem sehr inhomogenen Publikum zu tun haben würde. Was lag daher näher, als ein Thema aufzugreifen, das praktisch jeden angeht, und da ich nun einmal Neurologe und Psychiater bin, was lag näher, als von der Massenneurose von heute zu sprechen, und vielleicht wissen Sie, daß ich nicht müde werde, darauf hinzuweisen, daß im Gegensatz zur Zeit von Sigmund Freud, dem ersten großen Klassiker der Wiener Psychotherapie, heute die Menschen weniger an sexueller Frustration als vielmehr an existentieller Frustration leiden. Was sie plagt, was ihnen unter den Fingernägeln brennt, sind nicht irgendwelche sexuellen Fragen, sondern die Sinn-Frage. Im Gegensatz zur Individualpsychologie von Alfred Adler, der zweiten Wiener Richtung, sind die Leute heute nicht mehr von Minderwertigkeitsgefühlen so geplagt, sondern längst hat dem Minderwertigkeitsgefühl ein abgründiges Sinnlosigkeitsgefühl den Rang abgelaufen. Die Leute haben im allgemeinen genug, *wovon* sie leben können, wissen aber kaum mehr um etwas, *wofür* sie zu leben vermöchten, und im Hinblick auf dieses Nichts, das sie konfrontiert, könnte man da auch von einem gelebten Nihilismus sprechen, und sehen Sie, meine Damen und Herren, das Bedenklichste an diesem Nihilismus ist vielleicht der Fatalismus, der mit ihm einhergeht. Sagt sich der Nihilist, es ist ja nicht nötig, das Leben in die Hand zu nehmen, das Schicksal zu meistern, denn das Leben hat ja letzten Endes keinen Sinn, so sagt sich der Fatalist, es ist das nicht nur unnötig, sondern auch ganz und gar unmöglich, denn wir sind ja gar nicht frei, geschweige denn, daß wir verantwortlich wären, sondern wir sind bloß die Opfer der Zustände, der Umstände, der Verhältnisse. Daß wir in Wirklichkeit die Gestalter der Verhältnisse und dort, wo es not tut, die Umgestalter der Verhältnisse sein können, das wird vom Fatalisten übersehen und vergessen.

Was sagt die Wissenschaft zu dieser Situation? Tritt sie etwa dem Fatalismus entgegen oder gar dem Nihilismus? Oder ist es nicht vielmehr so, wie Einstein ebenso wie Schrödinger uns eingeschärft haben, daß die Wissenschaft als solche nicht imstande ist, irgendwelche Zwecke aufzuzeigen oder gar dem Leben einen

Sinn zu geben? Wenn Sie mich persönlich fragen, würde ich sagen, zumindest eine Wissenschaft, die um diese ihre Grenzen nicht weiß und dazu noch popularisiert, um nicht zu sagen vulgarisiert wird, zumindest eine solche Wissenschaft gibt dem Menschen nicht einen Sinn, sondern sie gibt ihm den Rest, paradoxerweise, indem sie ihm etwas nimmt, nämlich den Rest von Sinngefühl, das er überhaupt noch haben mag, und das geschieht dadurch, daß sie den Durchschnittsmenschen von heute, quer durch alle Massenmedien hindurch, indoktriniert, indem sie ihm sagt, er sei nichts anderes als das bloße Produkt sozioökonomischer Prozesse oder psychodynamischer Prozesse, das bloße Produkt von Anlage und Umwelt, beziehungsweise von Vererbung und Erziehung. Daß das eigentlich Menschliche, daß das, was den Menschen erst zum Menschen macht, im Rahmen eines solchen scheinwissenschaftlichen Menschenbildes, also einer Pseudowissenschaft vom Menschen, ausgeklammert bleibt, das entgeht seinen Predigern. Denn die Alternativen »Anlage oder Umwelt, Vererbung oder Erziehung«, die sind ja schon ganz falsch gestellt, denn letzten Endes – und das erweist sich immer wieder in entscheidenden Situationen – hängt das, was ein Mensch geworden ist, weder von der Anlage noch von der Umwelt ab, weder davon, was er im Sinne von Vererbung mitbekommen hat, noch davon, was ihm im Sinne von Erziehung zuteil geworden ist, sondern letzten Endes hängt das alles vom Menschen selbst ab, ist das alles seiner eigenen Entscheidung anheimgestellt, und innerhalb der Grenzen, die ihm die Bedingungen und Umstände lassen, ist diese seine Entscheidung eine freie; das heißt, der Mensch ist nicht etwa frei von biologischen, psychologischen und soziologischen Umständen, aber noch allemal ist und bleibt er frei, zu all diesen Bedingungen und Umständen irgendwie Stellung zu nehmen, sei es, daß er sich ihnen unterwirft, sei es, daß er sie überwindet – überwindet, indem er Gebrauch macht von der Trotzmacht des Geistes.

Vielleicht werden Sie, meine Damen und Herren, erstaunt sein, so etwas aus dem Munde eines Neurologen und Psychiaters zu hören, aber ich kann Ihnen mit dem großen Wiener Seelenarzt aus dem vorigen Jahrhundert, Ernst Freiherrn von Feuchtersleben, eines versichern: »Man hat der Medizin den Vorwurf gemacht, daß sie die Neigung zum Materialismus, das heißt zu einer den Geist verleugnenden Weltanschauung, begünstige, aber dieser Vorwurf ist ungerecht, denn niemand hat *mehr* Anlaß als gerade der Arzt, zwar die Hinfälligkeit der Materie, dafür aber auch die Gewalt des Geistes zu erkennen; und wenn er zu dieser Erkenntnis *nicht* gelangt, dann ist nicht die Wissenschaft schuld, sondern er selbst, denn er hat sie dann eben nicht gründlich genug erlernt.«

Und jetzt lassen Sie mich, meine Damen und Herren, für diese kühne Behauptung des Freiherrn von Feuchtersleben den Beweis antreten. Sie wissen, eineiige Zwillinge besitzen die absolut gleiche Erbanlage. Nun hat der deutsche Psychiater Johannes Lange einmal den Fall von eineiigen Zwillingen publiziert, von denen der eine ein ungemein raffinierter Krimineller war, während es sein Bruder zu einem ebenso raffinierten Kriminalisten brachte. Die Veranlagung war ein und dieselbe gewesen, aber ausschlaggebend war nicht das vererbte Raffinement, sondern zu welchen verschiedenen Zwecken die beiden es eingesetzt hatten, was sie aus sich selbst gemacht hatten.

Ein anderer Fall: Zu Frau Dr. Elisabeth Lukas, der Leiterin einer psychologischen Beratungsstelle in München, kommt eine Mutter, die zwei Töchter hat. Die eine war ein unerwünschtes Kind, wurde gleich nach ihrer Geburt zu ihrer Großmutter abgeschoben, später wurde sie von ihrem leiblichen Vater vergewaltigt, und schließlich verließ sie das Elternhaus. Diese Tochter entwickelte sich zu einem durchaus gesunden Menschen, führte ein normales Sexualleben und hat es auch beruflich zu etwas gebracht. Die andere Tochter war erwünscht und wurde *nicht* vergewaltigt und war trotzdem schwerst neurotisch. Ihretwegen war die Mutter auch in die Sprechstunde zu Frau Dr. Lukas gekommen. Wie sagt doch Frau Dr. Lukas abschließend: »Das ist die Wirklichkeit, wie sie nicht im psychologischen Lehrbuch steht; die Idee vom nachhaltigen psychischen Trauma steht auf wackligen Füßen. Wirklichkeit ist, daß auch jemand, der einen schweren Schock erlitten hat, normal weiterleben kann und daß sich auch jemand, der in positiver Umgebung aufwächst, fehlentwickeln kann.« Soweit Frau Dr. Lukas. Das stimmt zwar nicht mit dem Aberglauben der Fatalisten an die Allmacht des

Schicksals, des inneren und des äußeren, überein. Sehr wohl aber stimmt es mit dem Forschungsergebnis der Universität von Kalifornien überein. Dort war man von der Annahme ausgegangen, daß Kinder aus zerbrochenen Ehen, aus zerstrittenen Familien als Erwachsene Schwierigkeiten haben würden und daß umgekehrt Kinder, die sich einer glücklichen Kindheit erfreuen konnten, auch als Erwachsene glücklich sein würden. Aber es stellte sich heraus, daß es in nicht weniger als zwei Dritteln der Fälle einfach nicht so war. Sie sehen: Die Trotzmacht des Geistes erstreckt sich nicht nur auf die Anlage, sondern auch auf die Umwelt, und zwar auch noch auf die denkbar ärgsten Umweltverhältnisse.

Ich könnte als Zeugen drei Studenten von mir an der US International University in Kalifornien aufrufen, die, wie der Zufall es wollte, gleichzeitig in meinem Seminar inskribiert waren – es handelte sich um die drei Offiziere, die die längste Kriegsgefangenschaft in Nordvietnam überlebt hatten – bis zu sieben Jahren, davon größtenteils in Isolationshaft. In diesem Seminar haben diese Männer tatsächlich Zeugnis davon abzulegen vermocht, daß der Mensch auch den ärgsten Bedingungen trotzen kann und daß die Frage, wie er Stellung nimmt zu den Bedingungen, in die er hineingestellt ist, eine freie Stellungnahme impliziert. Er kann so oder so Stellung nehmen. Aber wenn wir in diesem Sinne den Menschen freisprechen, so können wir dies nicht, ohne ihn gleichzeitig auch verantwortlich zu sprechen. Er ist verantwortlich für seine Taten und auch für seine Untaten. Er ist *schuldfähig*, wenn ich so sagen darf, und wir dürfen Schuld nicht einfach wegeskamotieren. Das hieße nämlich, seine Menschenwürde verletzen.

Darf ich aus einem Brief zitieren, den mir die Nr. 87084 aus dem Zuchthaus von Illinois geschrieben hat. Der Häftling schreibt folgendes: »Sollten die Soziologen so weitermachen, dann gibt es praktisch keine Möglichkeit mehr für uns, uns irgendwie verständlich zu machen. Denn was uns einzig und allein geboten wird, ist *ein Sortiment von Ausreden*, zwischen denen man dann wählen kann. ›Schuld ist die Gesellschaft‹, und in vielen Fällen wird die Schuld einfach auf das Opfer geschoben.«

Meine Damen und Herren, in der Nähe von San Francisco

gibt es ein anderes Zuchthaus, das von St. Quentin, und im Laufe der Jahre wurde ich wiederholt von dem Direktor gebeten, dort einen Vortrag zu halten, vor den Häftlingen zu sprechen – ein sehr berüchtigtes Zuchthaus, es gibt dort sogar noch heute eine Gaskammer. In meiner Begleitung war ein Professor der University of California, der die Häftlinge nach meinem Vortrag interviewen wollte. Er fragte, was sie von dem Vortrag hielten – es kommen nämlich jeden Monat Psychologen und Psychiater von San Francisco dorthin –, und die Häftlinge sagten dem Professor: »Sehen Sie, die reden uns alle ein, unsere Vergangenheit, unsere Kindheit ist an allem schuld, das geht uns bis daher, wir schleppen das mit uns herum wie einen Mühlstein, der uns am Halse hängt. Im allgemeinen geht auch gar niemand mehr von uns zu diesen Vorträgen. Zu dem Vortrag vom Frankl sind wir ja nur gegangen, weil wir gehört haben, daß er selber mal Häftling war, aber der Frankl hat auch ganz was anderes gesagt als die anderen. Er hat nämlich gemeint, jeder von uns könnte sein Schicksal noch irgendwie in die Hand nehmen, er könnte ein anderer werden.« Und was habe ich ihnen wirklich gesagt, lassen Sie mich das ein bißchen ins Wienerische übersetzen. Ich hab' den Leuten beiläufig gesagt: »Leutln, ihr seid Menschen, Menschen genauso wie ich, und als Menschen seid ihr frei, und als Menschen seid ihr verantwortlich. *Ihr habt die Freiheit gehabt*, einen Blödsinn, eine Gemeinheit, eine Untat anzustellen. Aber *jetzt*, bedenkt gefälligst, *habt ihr die Verantwortung*, über euch selbst hinauszuwachsen, über das Schuldiggewordensein hinauszuwachsen.« Und sehen Sie, es gibt Beweise dafür, daß das bei ihnen angekommen ist, daß sie das mitbekommen haben, denn einen Menschen, der irgendein Verbrechen begangen hat, als ein Opfer der Verhältnisse hinzustellen, das hat mit Humanität überhaupt nichts zu tun, im Gegenteil, das ist eine der ärgsten Demütigungen, die wir einem Menschen antun können, das ist eine Verletzung seiner Menschenwürde, denn wir stellen ihn ja dann als nichts anderes als einen reparaturbedürftigen Apparat hin, *eine Maschine, die repariert werden muß;* aber das ist ja der Mensch nicht. Umgekehrt, wenn wir den Menschen als Menschen ernst nehmen, wenn wir ihn für frei und verantwortlich halten, dann können wir ja an seine Freiheit und seine Verantwortlichkeit auch appellieren, und nur dann gibt man ihm auch eine Chance, daß er sich auch wirklich »in die Hand nimmt«, sich ändert, sich bessert. Mensch sein heißt ja niemals, *nun einmal so und nicht anders sein müssen*, Mensch sein heißt immer, *immer auch anders werden können*. Und diese Fähigkeit zur Selbstgestaltung, ja zur Selbst*um*gestaltung, diese Fähigkeit, über sich selbst hinauszuwachsen, darf ich niemandem absprechen, oder diese Fähigkeit verkümmert.

Sehen Sie, ich bin einmal selbst im Sinne dieses »Absprechens«, dieses moralischen Defätismus, schuldig geworden. Das mephistophelischste Individuum, dem ich in meinem Leben begegnet war, das war ein engerer Fachkollege, der später nur noch »der Massenmörder vom Steinhof« genannt wurde. Der hatte sich wie niemand anderer bei der Euthanasie von Geisteskranken unter Hitler hervorgetan. Nach dem Krieg hieß es, er habe sich nach Südamerika abgesetzt. Aber ein paar Jahre später kommt ein ehemaliger österreichischer Diplomat zu mir in die Ordination und fragt von ungefähr: »Sagen Sie, Herr Doktor, haben Sie zufällig den Dr. Soundso gekannt?« Da stellt sich heraus, die beiden waren Zellengenossen im bekannten Moskauer Gefängnis Lubjanka. Dort ist der Kollege in verhältnismäßig jungen Jahren an einem Blasenkrebs zugrunde gegangen. Ich wurde neugierig und fragte: »Was für ein Mensch war er denn?« – »Der«, entgegnete der Diplomat, »der war der beste Kamerad, den man sich nur vorstellen kann. Wo er nur konnte, hat er uns geholfen, und wenn er es nicht konnte, hat er uns wenigstens getröstet. Ich möchte sagen« – das sind die Worte des Diplomaten –, »er war wie ein Heiliger.«

Meine Damen und Herren, wagen Sie es jetzt, hinzugehen und einem Menschen die Fähigkeit abzusprechen, »ein anderer zu werden«? Soeben ist in Amerika ein Buch erschienen: *Logotherapy in Action*, verfaßt von dreißig Gelehrten. Einer berichtet über ein Experiment mit achtzehn jungen Kriminellen. Die Psychologen hatten ihnen allen prophezeit, auf Grund ihrer Kindheitserlebnisse würden sie mehr oder weniger ihr ganzes Leben hinter Gittern verbringen. Und auf Grund der Intelligenztests hieß es, es würde sich keiner für eine Schulung oder Ausbildung eignen. Von diesen achtzehn jugendlichen Kriminellen wurde ein einziger in Haft behalten. Die anderen wurden mit Aufgaben und Verantwortung konfrontiert, mit einem Wort, sie wurden gefordert, nicht zuletzt mit der Aufgabe konfrontiert, ihre Mithäftlinge aus dem Fatalismus herauszureißen. Das Ergebnis war: Von achtzehn, die an dem Experiment beteiligt waren, haben es siebzehn zu etwas gebracht; einer, der praktisch Analphabet gewesen war, machte sein Doktorat und ist heute Professor an einer Universität in Massachusetts, ein anderer ist heute eine Art Sektionschef im Unterrichtsministerium in Washington. Die Trotzmacht des Geistes bezieht sich also auch auf den Menschen selbst.

Aber davon wollen unsere Neurotiker nichts wissen und nichts hören. Die brauchen ja ihre Alibis, und daher kommt es, daß ein Neurotiker in dem Augenblick, in dem er von seinen Charaktereigenschaften redet, sich immer auch schon auf sie ausredet. Ich erinnere mich daran, wie ich als junger Arzt am »Steinhof« war und eine Patientin untersuchen mußte. Die trat auf mich zu und fing gleich an: »Wissen Sie, Herr Doktor, von mir dürfen Sie überhaupt nichts erwarten. Ich bin ein typisches einziges Kind nach Alfred Adler mit allen dafür typischen Charaktereigenschaften.« Sehen Sie, solche Menschen vergessen, daß der Mensch ja auch stärker sein kann als er selbst oder zumindest neugierig genug, um mit Nestroy zu fragen: »Jetzt bin i wirklich neugierig, wer stärker is, i oder i.« Oder mit anderen Worten, mit denen ich meine Patienten manchmal zu fragen pflege, wenn sie mir vorjammern, was sie alles nicht können oder was sie alles müssen: »Jetzt sagen Sie mir mal, müssen Sie sich wirklich alles von sich gefallen lassen?«

Jetzt eine andere Patientin, ebenfalls vom »Steinhof«. Auf meine Frage: »Sagen Sie, haben Sie mitunter das Gefühl, daß Sie willensschwach sind?«, antwortete sie – ohne zu ahnen, wie weise die Antwort war: »Wissen Sie, Herr Doktor, wenn ich will, bin ich willensschwach, und wenn ich nicht will, bin ich nicht willensschwach.«

Aber es fragt sich, ob sich die Trotzmacht des Geistes nicht auch auf Psychosen erstreckt. Nun, für eine Psychose ist der Mensch wirklich nicht verantwortlich – niemand hat sich seine Psychose ausgesucht –, und doch gibt es da einen Rest von Freiheit. Ich kenne Paranoiker mit Verfolgungsideen, die ihre vermeintlichen Feinde gekillt haben, und ich kenne andere Paranoiker, die ihren vermeintlichen Feinden verziehen haben. Ich kenne Melancholiker, die aus ihrer Depression heraus Selbstmord begangen haben, und ich kenne andere Melancholiker, die trotz allem imstande waren, ihre Selbstmordimpulse zu überwinden. Aber wie ist so etwas möglich, wann und unter welchen Bedingungen ist so etwas möglich?

Meine Damen und Herren, erinnern Sie sich an den Film *Moulin Rouge*? Und erinnern Sie sich vielleicht an die ergreifende Szene, in der Toulouse-Lautrec sich das Leben nehmen will? Schon hört man das Leuchtgas zischen und ausströmen, da fällt sein Blick auf die Staffelei, auf eines seiner Gemälde, die auf der Staffelei stehen, und da bemerkt er einen Fehler. Er rafft sich auf, taumelt hin, bringt mit einem Pinselstrich alles in Ordnung und dreht den Gashahn ab. Was will ich damit sagen? Die Depression, den Selbstmordimpuls konnte er nur auf Grund und dank der *Hingabe an eine Aufgabe* überwinden. Es war der Hirnchirurg Harvey Cushing, der einmal gemeint hat: »Die einzige Möglichkeit, das Leben auszuhalten, besteht darin, immer eine Aufgabe vor sich zu haben.«

Jetzt verstehen Sie aber auch – um zum Anfang zurückzukehren –, welche Tragweite gerade dem heute so sehr um sich greifenden Sinnlosigkeitsgefühl zukommt. Der Mensch, der um keinen Sinn seines Lebens weiß, ist ja nicht nur unglücklich, sondern auch lebensunfähig. Und das sage nicht ich Ihnen, sondern das war ein wörtliches Zitat von Albert Einstein. Umgekehrt werden Sie verstehen, daß ein Mensch auch unter den desolatesten Bedingungen und Umständen in seinem Leben einen Sinn finden und in gewissem Sinne dadurch auch noch glücklich werden kann. Darf ich zwei Fälle ganz kurz anreißen. Eine amerikanische Studentin von mir mußte einen 31jährigen Mann betreuen, der einem Starkstromunfall zum Opfer gefallen war und dem alle vier Extremitäten amputiert werden mußten. Sie schildert, daß es erst bergauf ging mit diesem jungen Mann, als er begann, sich eines anderen jungen Mannes seiner Spitalsabteilung, der querschnittsgelähmt war, anzunehmen. Und nach einem Jahr hat er wieder ein normales Leben etablieren können, und dieser Mann schreibt an die Studentin: »Vor meinem Unfall war ich innerlich leer. Ich war ständig besoffen und langweilte mich zu Tode. Erst heute weiß ich, was es heißt, wirklich glücklich zu sein.« Er hatte eine Aufgabe gefunden.

Albert Schweitzer hat einmal gemeint, die einzigen wirklich glücklichen Menschen, die er jemals getroffen hätte, seien jene gewesen, die im Dienst an einer Sache aufgegangen waren. Oder: Frau Professor Starck aus Alabama schreibt mir: »Ich habe eine 22jährige Patientin, die seit einem Schuß querschnittsgelähmt ist und nur eines kann: mit einem Stäbchen zwischen ihren Zahnreihen maschineschreiben, und was tut sie? Sie findet ihr Leben äußerst sinnvoll: Sie sieht fern, sie läßt sich Zeitungen vorlesen, und wann immer sie von jemandem hört, der mit einem schweren Schicksal konfrontiert ist, schreibt sie ihm Briefe des Trostes und der Ermunterung. Tippt diese Briefe mit einem Holzstäbchen zwischen den Zahnreihen ...«

Meine Damen und Herren, ich habe diese Ausführungen mit dem Geständnis betreffend die Ohnmacht, die mangelnde Trotzmacht meines eigenen Geistes eingeleitet. Dieses Geständnis muß ich zum Teil widerrufen, um Ihnen zu zeigen, daß die Trotzmacht des Geistes voraussetzt, daß sich jemand von der Welt und von sich selbst distanzieren kann und daß diese Selbstdistanz ihrerseits wieder eine Fähigkeit voraussetzt, die Welt und sich selbst zu objektivieren – um das zu beweisen, bin ich gezwungen, auf ein persönliches Erlebnis zurückzugreifen.

Sehen Sie, ich war im Jahr 1945 in Südbayern mit einer Kolonne von KZ-Häftlingen aus einem Lager herausmarschiert zu Erdarbeiten. Es war an einem bitterkalten Morgen, und die Füße steckten in offenen Schuhen, weil kein Platz mehr für Schuhlappen war, denn die Füße waren angeschwollen vom Hungerödem und aufgebrochenen Frostbeulen. So sind wir aus dem Lager herausmarschiert, noch in der Morgendämmerung, über die vereisten und verschneiten Felder gestolpert. Zwanghaft dachte man an die Rückkehr vom Arbeitskommando am Abend, an die heiße Suppe und an die Frage, ob eine oder vielleicht zwei halbe Kartoffeln in der Suppe sein werden, die man dann bekommt. Die Situation schien mir aussichtslos, hoffnungslos, kaum zu ertragen; und da habe ich zu einem Trick Zuflucht genommen: Ich stellte mir vor – in dieser Situation im Jahre 1945 –, ich stünde hinter einem Vortragspult und würde einen Vortrag halten, etwa unter dem Titel »Ein Psychologe erlebt das Konzentrationslager«, einen Vortrag in einem großen, schönen, hellerleuchteten, vor allem gut geheizten Saal vor einem interessiert lauschenden Publikum. Und da habe ich mir vorgestellt, ich spreche im Rahmen dieses Vortrags – genau über die Dinge, die ich in dem Moment in Wirklichkeit durchmachen mußte. Auf diese Weise versuchte ich, mich über die Situation zu stellen, mich von ihr zu distanzieren, indem ich sie objektivierte, indem ich vom Standpunkt einer objektiv wissenschaftlichen Betrachtung von diesen Dingen sprach, durch die ich gerade hindurchmußte; mit anderen Worten, indem ich die Trotzmacht des Geistes einsetzte.

Meine Damen und Herren, glauben Sie mir, damals sprach nichts dafür, alles nur dagegen, daß es mir jemals vergönnt sein würde, auch wirklich im Rahmen eines Vortrags über dieses Erlebnis zu sprechen, noch dazu in einem der schönsten Säle der Welt – und vor einem so hohen Gast. Ich danke Ihnen.

Was ist Logotherapie? *

Bevor wir darangehen, zu sagen, was Logotherapie nun eigentlich ist, empfiehlt es sich, zu sagen, was sie *nicht* ist: *Sie ist kein Allheilmittel.* Die Bestimmung der »Methode der Wahl« in einem gegebenen Falle läuft auf eine Gleichung mit zwei Unbekannten hinaus:

$$\psi = x + y,$$

wobei x für die Einmaligkeit und Einzigartigkeit der Patientenpersönlichkeit steht und y für die nicht weniger einmalige und einzigartige Persönlichkeit des Therapeuten. Mit anderen Worten: *Weder läßt sich jede Methode in jedem Fall mit den gleichen Erfolgsaussichten anwenden, noch kann jeder Therapeut jede Methode mit der gleichen Wirksamkeit handhaben.* Und was für die Psychotherapie im allgemeinen gilt, gilt im besonderen eben auch für die Logotherapie. Mit einem Wort, unsere Gleichung ließe sich ergänzen, indem wir nunmehr formulieren:

$$\psi = x + y = \lambda.$$

Und doch konnte es Paul E. Johnson einmal wagen, zu behaupten: »Logotherapy is not a rival therapy against others, but it may well be a challenge to them in its plus factor.« (*The Challenge of Logotherapy*, in: *Journal of Religion and Health* 7, 122, 1968.) Was diesen Plusfaktor aber ausmachen mag, verrät uns N. Petrilowitsch, wenn er meint, die Logotherapie verbleibe im Gegensatz zu allen anderen Psychotherapien nicht in der Ebene der

---

* Aus: Viktor E. Frankl, *Die Psychotherapie in der Praxis*, 4. Auflage, Franz Deuticke, Wien 1982, »Einleitung«, gekürzt (jetzt auch *Serie Piper* 475, München 1986).

Neurose, sondern gehe über sie hinaus und stoße in die Dimension der spezifisch humanen Phänomene vor. (*Über die Stellung der Logotherapie in der klinischen Psychotherapie*, in: *Die medizinische Welt* 2790, 1964.) Tatsächlich sieht zum Beispiel die *Psychoanalyse* in der Neurose das Resultat psychodynamischer Prozesse und versucht demgemäß, die Neurose dadurch zu behandeln, daß sie neue psychodynamische Prozesse ins Spiel bringt, etwa die Übertragung; die lerntheoretisch engagierte *Verhaltenstherapie* wiederum sieht in der Neurose das Produkt von Lernprozessen oder »conditioning processes« und bemüht sich dementsprechend, die Neurose dadurch zu beeinflussen, daß sie eine Art Umlernen beziehungsweise »reconditioning processes« in die Wege leitet. Demgegenüber steigt die Logotherapie in die menschliche Dimension ein und wird solcherart instand gesetzt, die spezifisch humanen Phänomene, auf die sie dort stößt, in ihr Instrumentarium aufzunehmen. Und zwar handelt es sich um nicht mehr und nicht weniger als die zwei fundamental-anthropologischen Charakteristika menschlicher Existenz, die da sind: erstens ihre *Selbsttranszendenz* (Viktor E. Frankl, in: *Handbuch der Neurosenlehre und Psychotherapie*, Urban und Schwarzenberg, München 1959) und zweitens die – menschliches Dasein als solches, als menschliches, nicht weniger auszeichnende – Fähigkeit zur *Selbstdistanzierung* (Viktor E. Frankl, *Der unbedingte Mensch*, Franz Deuticke, Wien 1949, S. 88).

Die Selbsttranszendenz markiert das fundamental-anthropologische Faktum, daß menschliches Dasein immer auf etwas verweist, was nicht wieder es selbst ist – auf etwas oder auf jemanden, nämlich entweder auf einen Sinn, den es zu erfüllen gilt, oder aber auf mitmenschliches Dasein, dem es begegnet. Wirklich Mensch wird der Mensch also erst dann, und ganz er selbst ist er nur dort, wo er in der Hingabe an eine Aufgabe aufgeht, im Dienst an einer Sache oder in der Liebe zu einer anderen Person sich selbst übersieht und vergißt.

Ohne die Selbsttranszendenz mit einzubeziehen in das Bild, das wir uns vom Menschen machen, stehen wir der Massenneurose von heute verständnislos gegenüber. Heute ist der Mensch im allgemeinen nicht mehr sexuell, sondern existentiell frustriert. Heute leidet er weniger an einem Minderwertigkeitsgefühl als vielmehr an einem *Sinnlosigkeitsgefühl* (Viktor E. Frankl, *The Feeling of Meaninglessness*, in: *The American Journal of Psychoanalysis* 32, 85, 1972). Und zwar geht dieses Sinnlosigkeitsgefühl für gewöhnlich mit einem *Leeregefühl* einher, mit einem »*existentiellen Vakuum*« (Viktor E. Frankl, *Pathologie des Zeitgeistes*, Franz Deuticke, Wien 1955). Und es läßt sich nachweisen, daß dieses Gefühl, das Leben habe keinen Sinn mehr, um sich greift. Kratochvil, Vymetal und Kohler haben darauf hingewiesen, daß sich das Sinnlosigkeitsgefühl keineswegs auf kapitalistische Länder beschränkt, sich vielmehr auch in kommunistischen Staaten bemerkbar macht. Und den Hinweis darauf, daß es bereits in den Entwicklungsländern zu beobachten ist, verdanken wir L. L. Klitzke (*Students in Emerging Africa – Logotherapy in Tanzania*, in: *American Journal of Humanistic Psychology* 9, 105, 1969) und Joseph L. Philbrick (*A Cross-Cultural Study of Frankl's Theory of Meaning-in-Life*).

Fragen wir uns, was das existentielle Vakuum bewirkt und verursacht haben mag, so bietet sich folgende Erklärung an: Im Gegensatz zum Tier sagen dem Menschen keine Instinkte und Triebe, was er tun muß. Und im Gegensatz zu früheren Zeiten sagen ihm heute keine Traditionen mehr, was er tun soll. Weder wissend, was er muß, noch wissend, was er soll, weiß er aber auch nicht mehr recht, was er eigentlich will. Und die Folge? Entweder *er will nur das, was die anderen tun*, und das ist *Konformismus*. Oder aber umgekehrt: *Er tut nur das, was die anderen wollen* – von ihm wollen. Und da haben wir den *Totalitarismus*.*

---

* Im Zusammenhang mit der Ätiologie des existentiellen Vakuums sind die Ausführungen der Psychiater Wolfgang G. Jilek und Louise Jilek-Aall (University of British Columbia, Vancouver, Canada) bemerkenswert, die auf dem First World Congress of Logotherapy (San Diego, 6. bis 8. November 1980) zu hören waren: »For an increasing number of North American Indian teenagers, suicide is the only meaningful act in a life that appears meaningless to them. In four years, the number of suicides among Indians in Canada has doubled (Department of National Health and Welfare, 1979). On a reservation in Ontario, the suicide rate went up to eight times the previous figures (Ward and Fox, 1976). The underlying conflicts we uncovered were quite remote from the psychosexual complexes of

Darüber hinaus gibt es aber auch noch eine weitere Folge-erscheinung des existentiellen Vakuums, und das ist ein spezifi-scher Neurotizismus, nämlich die »*noogene Neurose*« (Viktor E. Frankl, *Über Psychotherapie*, in: *Wiener Zeitschrift für Nerven-heilkunde* 3, 461, 1951), die ätiologisch auf das Sinnlosigkeitsge-fühl zurückzuführen ist, auf den Zweifel an einem Lebenssinn. *

Womit nicht gesagt sein soll, daß dieser Zweifel an sich schon pathologisch ist. Nach dem Sinn seines Daseins zu fragen, ja die-sen Sinn überhaupt in Frage zu stellen, ist eher eine menschliche Leistung denn ein neurotisches Leiden; zumindest manifestiert sich darin geistige Mündigkeit: Ein Sinnangebot wird nicht mehr kritiklos und fraglos, also unreflektiert, aus den Händen der Tra-dition übernommen, sondern Sinn will unabhängig und selb-ständig entdeckt und gefunden werden. Auf die *existentielle Fru-stration* ist daher das medizinische Modell von vornherein nicht anwendbar. Wenn überhaupt eine Neurose, dann ist die existen-tielle Frustration eine *soziogene Neurose*. Ist es doch ein soziolo-gisches Faktum, nämlich der Traditionsverlust, der den Men-schen von heute existentiell so sehr verunsichert.

Es gibt auch maskierte Formen der existentiellen Frustration. Ich erwähne nur die sich namentlich in der akademischen Jugend häufenden Fälle von Selbstmord, die Drogenabhängigkeit, den so verbreiteten Alkoholismus und die zunehmende (Jugend-) Kriminalität. Heute läßt sich unschwer nachweisen, wie sehr die existentielle Frustration da mit im Spiel ist. Steht uns doch in Form des von James C. Crumbaugh entwickelten PIL-Tests (er-

---

psychoanalytic theory. We came to recognize the restricted validity of psycho-dynamic theories extrapolated from the free associations of a pre-World-War I European upper middle class clientele.« Was der Suizidalität der von ihnen un-tersuchten Indianer vielmehr zugrunde lag, sei – wie die genannten Forscher herausfanden – eindeutig der Verfall von Traditionen gewesen: »The structure of most traditional native cultures disintegrated.«

* Es liegen bereits zehn wissenschaftliche Arbeiten vor, aus denen übereinstim-mend hervorgeht, daß mit etwa 20 Prozent noogener Neurosen zu rechnen ist. Die betreffenden Untersuchungen verdanken wir Frank M. Buckley, Eric Klin-ger, Gerald Kovacic, Dietrich Langen, Elisabeth S. Lukas, Eva Niebauer-Koz-dera, Kazimierz Popielski, Hans Joachim Prill, Nina Toll, Ruth Volhard und T. A. Werner (vgl. Eric Klinger, *Meaning and Void*, Minneapolis, University of Minnesota Press, 1977).

hältlich durch Psychometric Affiliates, 1620 East Main Street, Murfreesboro, Tennesee 37130, USA) ein Meßinstrument zur Verfügung, mit dessen Hilfe sich der Grad der existentiellen Frustration quantifizieren läßt, und neuerdings hat Elisabeth S. Lukas mit ihrem Logo-Test einen weiteren Beitrag zur exakten und empirischen Logotherapieforschung geleistet (*Zur Validierung der Logotherapie*, in: Viktor E. Frankl, *Der Wille zum Sinn*, Hans Huber, Bern 1982). *

Was die Selbstmorde anlangt, wurden in der Idaho State University sechzig Studenten unter die Lupe genommen, die Selbstmord versucht hatten, und in 85 Prozent ergab sich, »life meant nothing to them«. Es ließ sich nun feststellen, daß sich von diesen an einem Sinnlosigkeitsgefühl leidenden Studenten 93 Prozent in einem ausgezeichneten physischen Gesundheitszustand befanden, im gesellschaftlichen Leben aktiv engagiert waren, hinsichtlich ihres Studiums ausgezeichnet abgeschnitten hatten und mit ihrer Familie in gutem Einvernehmen lebten. (Persönliche Mitteilung von Vann A. Smith.)

Nun zur Drogenabhängigkeit. Eine meiner Dissertantinnen, Betty Lou Padelford (Dissertation, United States International

---

* Zur Zeit gibt es zehn logotherapeutische Tests, und zwar den PIL-Test (»purpose in life«) von James C. Crumbaugh und Leonard T. Maholick (*Eine experimentelle Untersuchung im Bereich der Existenzanalyse. Ein psychometrischer Ansatz zu Viktor E. Frankls Konzept der »noogenen Neurose«*, in: *Die Sinnfrage in der Psychotherapie*, hrsg. von Nikolaus Petrilowitsch, Wissenschaftliche Buchgesellschaft, Darmstadt 1972), den SONG-Test (»seeking of noetic goals«) und den MILE-Test (»meaning in life evaluation«) von James C. Crumbaugh (*Seeking of Noetic Goals Test*, in: *Journal of Clinical Psychology*, July 1977, Vol. 33, No. 3, pp. 900–907), den Attitudinal Values Scale-Test von Bernard Dansart (*Development of a Scale to Measure Attitudinal Values as Defined by Victor Frankl*, Dissertation, Northern Illinois University, 1974), den Life Purpose Questionnaire-Test von R. R. Hutzell und Ruth Hablas (Vortrag, gehalten auf dem First World Congress of Logotherapy in San Diego, Kalifornien), den Logo-Test von Elisabeth S. Lukas (Deuticke, Wien 1986), den S. E. E.-Test (Sinneinschätzung und -erwartung) von Walter Böckmann (*Sinn-orientierte Leistungsmotivation und Mitarbeiterführung. Ein Beitrag der Humanistischen Psychologie, insbesondere der Logotherapie nach Viktor E. Frankl, zum Sinn-Problem der Arbeit*, Enke, Stuttgart 1980) und die drei Tests, die sich noch im Stadium der Ausarbeitung befinden und die wir Gerald Kovacic (Univ. Wien), Bruno Giorgi (Univ. Dublin) sowie Patricia L. Starck (Univ. Alabama) verdanken.

University, 1973) konnte statistisch nachweisen, daß es keineswegs das in diesem Zusammenhang von psychoanalytischer Seite inkriminierte »weak father image« ist, das der Drogenabhängigkeit zugrunde liegt, vielmehr ließ sich an Hand der von ihr getesteten 416 Studenten der Nachweis erbringen, daß der Grad der existentiellen Frustration signifikant mit dem »drug involvement index« korrelierte: der letztere betrug in den existentiell nicht frustrierten Fällen durchschnittlich 4,25, während er in den existentiell frustrierten Fällen auf durchschnittlich 8,90, also mehr als das Doppelte, hinaufschnellte. Diese Forschungsergebnisse stimmen auch mit den von Glenn D. Shean und Freddie Fechtman erhobenen Befunden überein. (*Purpose in Life Scores of Student Marihuana Users*, in: *Journal of Clinical Psychology* 27, 112, 1971).

Es versteht sich von selbst, daß eine die existentielle Frustration als ätiologischen Faktor berücksichtigende und mittels einer logotherapeutischen Intervention ausräumende Rehabilitation Erfolg verspricht. So kommt es denn, daß laut *Medical Tribune* (Jg. 3, Nr. 19, 1971) von 36 Drogenabhängigen nach einer Behandlungsdauer von achtzehn Monaten nur zwei sicher drogenfrei waren – was auf einen Prozentsatz von 5,5 hinausläuft. In der Deutschen Bundesrepublik können von »allen drogenabhängigen Jugendlichen, die ärztlich behandelt werden, weniger als 10 Prozent mit einer Heilung rechnen« (*Österreichische Ärztezeitung*, 1973). In den USA sind es durchschnittlich 11 Prozent. Alvin R. Fraiser geht jedoch in dem von ihm geleiteten kalifornischen Narcotic Addict Rehabilitation Center logotherapeutisch vor und kann mit einem Prozentsatz von vierzig aufwarten.

Vom Alkoholismus gilt Analoges. Unter schweren Fällen von chronischem Alkoholismus ließ sich feststellen, daß 90 Prozent an einem abgründigen Sinnlosigkeitsgefühl litten. (Annemarie von Forstmeyer, *The Will to Meaning as a Prerequisite for Self-Actualization*, Dissertation, California Western University, 1968.) Kein Wunder, daß James C. Crumbaugh auf Grund von Tests den Erfolg der Gruppenlogotherapie in Fällen von Alkoholismus objektivieren und, ihn mit dem Erfolg anderer Behandlungsmethoden vergleichend, feststellen konnte: »Only logotherapy showed a statistically significant inprovement.« (*Changes in Frankl's Existential Vacuum as a Measure of Therapeutic Outcome*, in: *Newsletter for Research in Psychology* 14, 35, 1972.)

Hinsichtlich der Kriminalität haben W. A. M. Black und R. A. M. Gregson von einer Universität in Neuseeland herausgefunden, daß Kriminalität und Lebenssinn in einem umgekehrt proportionalen Verhältnis zueinander stehen. Wiederholt in Gefängnisse eingelieferte Häftlinge unterschieden sich, gemessen am Lebenssinn-Test von Crumbaugh, von der durchschnittlichen Bevölkerung im Verhältnis von 86 zu 115. (*Purpose in Life and Neuroticism in New Zealand Prisoners*, in: *Br. J. soc. clin. Psychol.* 12, 50, 1973.)

Damit stehen wir auch schon vor den Möglichkeiten einer logotherapeutischen Intervention, die ja als solche, als logotherapeutische, auf eine Überwindung des Sinnlosigkeitsgefühls durch die Ingangsetzung von Sinnfindungsprozessen abzielt. Tatsächlich konnte Louis S. Barber an dem von ihm geleiteten Rehabilitationszentrum für Kriminelle binnen sechs Monaten den auf Grund von Tests ermittelten Pegel erlebter Sinnerfüllung von 86,13 auf 103,46 erhöhen, indem er das Rehabilitationszentrum zu einer »logotherapeutischen Umwelt« ausgestaltete. Und während die durchschnittliche Rückfallsrate in den USA 40 Prozent beträgt, konnte Barber mit einem Prozentsatz von 17 aufwarten. (*Logotherapy in Action*, hrsg. von Reuven R. Bulka, Joseph B. Fabry und William S. Sahakian, Aronson, New York 1979.)

Nach Besprechung der vielfachen und vielfältigen Erscheinungs- und Ausdrucksformen existentieller Frustration hätten wir uns nun zu fragen: Wie muß die Verfassung menschlichen Daseins beschaffen sein – was ist die ontologische Voraussetzung dafür, daß, sagen wir, die sechzig Studenten, die von der Idaho State University untersucht wurden, ohne Vorliegen irgendwelcher psychophysischer oder sozioökonomischer Gründe Selbstmord versuchen konnten? Mit einem Wort: Wie muß menschliches Dasein konstituiert sein, daß so etwas wie existentielle Frustration überhaupt möglich ist? Mit anderen Worten – mit den Worten von Kant: Wir fragen nach der »Bedingung der

Möglichkeit« von existentieller Frustration – und wir gehen wohl nicht fehl, wenn wir annehmen, daß der Mensch so strukturiert ist, daß seine Verfassung so ist, daß er ohne Sinn eben einfach nicht auskommt. Mit einem Wort, die Frustration eines Menschen läßt sich nur verstehen, wenn wir seine Motivation verstehen. Und die ubiquitäre Präsenz des Sinnlosigkeitsgefühls mag uns dort als Indikator dienen, wo es darum geht, die primäre Motivation zu finden – das, was der Mensch letztlich will.

Die Logotherapie lehrt, daß der Mensch im Grunde eben von einem »Willen zum Sinn« (Viktor E. Frankl, *Der unbedingte Mensch*, Franz Deuticke, Wien 1949) durchdrungen ist. Diese ihre Motivationstheorie läßt sich noch vor deren empirischer Verifizierung und Validierung aber auch operational definieren, indem wir folgende Erklärung abgeben: Willen zum Sinn nennen wir einfach das, was da im Menschen frustriert wird, wann immer er dem Sinnlosigkeits- und Leeregefühl anheimfällt.

James C. Crumbaugh und Leonard T. Maholick (*Eine experimentelle Untersuchung im Bereich der Existenzanalyse. Ein psychometrischer Ansatz zu Viktor E. Frankls Konzept der »noogenen Neurose«, in: Die Sinnfrage in der Psychotherapie*, hrsg. von Nikolaus Petrilowitsch, Wissenschaftliche Buchgesellschaft, Darmstadt 1972) haben sich ebenso wie Elisabeth S. Lukas (*Logotherapie als Persönlichkeitstheorie*, Dissertation, Wien 1971) an Hand Tausender Versuchspersonen um die empirische Grundlegung der Lehre vom Willen zum Sinn bemüht. Inzwischen werden immer mehr Statistiken bekannt, aus denen die Legitimität dieser Motivationstheorie hervorgeht.

Wenden wir uns nunmehr der Frage zu, was wir gegenüber der existentiellen Frustration, also der Frustration des Willens zum Sinn, und gegenüber der noogenen Neurose unternehmen können. Nun, eigentlich läßt sich Sinn gar nicht geben, und am allerwenigsten kann der Therapeut ihn geben. Sondern Sinn muß gefunden werden, und er kann jeweils nur von einem selbst gefunden werden. Sinn läßt sich also nicht verschreiben; aber was wir sehr wohl zu tun vermöchten, ist eine Be-schreibung dessen, was da im Menschen vorgeht, wann immer er auf die Suche nach

Sinn geht. * Es stellt sich nämlich heraus, daß die Sinnfindung auf eine Gestaltwahrnehmung hinausläuft – ganz im Sinne von Max Wertheimer und Kurt Lewin, die bereits von einem »Aufforderungscharakter« sprechen, der bestimmten Situationen innewohne. Nur daß es sich bei einer Sinngestalt nicht um eine »Figur« handelt, die uns vor einem »Hintergrund« in die Augen springt, sondern: Was bei der Sinnfindung jeweils wahrgenommen wird, ist – auf dem Hintergrund der Wirklichkeit – eine Möglichkeit: die Möglichkeit, die Wirklichkeit – so oder so – zu verändern.

Nun zeigt sich, daß der schlichte und einfache Mensch – also nicht einer, der jahrelanger Indoktrination ausgesetzt war, sei es als Student an einer Universität, sei es als Patient auf einer Couch – schon immer darum weiß, auf welchen Wegen sich Sinn finden, das Leben mit Sinn erfüllen läßt. Nämlich zunächst einmal dadurch, daß wir eine Tat setzen oder ein Werk schaffen – also schöpferisch. Aber auch durch ein Erlebnis, also dadurch, daß wir etwas erleben – etwas oder jemanden, und jemanden in seiner ganzen Einmaligkeit und Einzigartigkeit erleben heißt ihn lieben. Aber das Leben erweist sich als bedingungslos sinnvoll, es bleibt sinnvoll – es hat Sinn und behält ihn – unter allen Bedingungen und Umständen. Denn kraft eines *präreflexiven ontologischen Selbstverständnisses*, aus dem sich eine ganze Axiologie destillieren läßt, weiß der Mann von der Straße nicht zuletzt auch darum, daß er auch dann noch, ja gerade dann, wenn er mit einem unabänderlichen Faktum konfrontiert ist, eben in der Bewältigung dieser Situation sein Menschsein bewähren, Zeugnis davon ablegen kann, wessen der Mensch fähig ist. Was dann zählt, ist also die Haltung und Einstellung, mit der er die unausweichlichen Schicksalsschläge des Lebens abfängt. Diesem Leben Sinn abzuringen und abzugewinnen, ist dem Menschen also bis zu seinem letzten Atemzug vergönnt und verstattet.

---

* »What is it ultimately about, human life, that is? We hear this question again and again in our psychotherapy sessions. Who can tell whom what? All we can do is study the lives of people who seem to have found their answers as against those who have not. The study of these lives seems to me to be a basically important method for the humanistic psychologist.« (Charlotte Bühler, *Basic Theoretical Concepts of Humanistic Psychology*, in: *American Psychologist 26*, 378, April 1971.)

Diese im Rahmen der Logotherapie ursprünglich intuitiv entwickelte *Logotheorie* – die Lehre von den ursprünglich so benannten »schöpferischen, Erlebnis- und Einstellungswerten« (Viktor E. Frankl, *Zur geistigen Problematik der Psychotherapie*, in: *Zentralblatt für Psychotherapie* 10, 33, 1938) – wurde inzwischen empirisch verifiziert und validiert. So konnten Brown, Casciani, Crumbaugh, Dansart, Durlak, Kratochvil, Lukas, Lunceford, Mason, Meier, Murphy, Planova, Popielski, Richmond, Roberts, Ruch, Sallee, Smith, Yarnell und Young nachweisen, daß Sinnfindung und -erfüllung unabhängig sind vom jeweiligen Alter und Bildungsgrad und vom männlichen beziehungsweise weiblichen Geschlecht, aber auch davon, ob jemand religiös beziehungsweise irreligiös ist, und, *wenn* er sich zur Religion bekennt, unabhängig von der Konfession, zu der er sich bekennt. Und dasselbe gilt vom IQ.

Inzwischen dürfte klar geworden sein, daß nur eine Psychotherapie, die es wagt, über Psychodynamik und Verhaltensforschung hinauszugehen und in die Dimension der spezifisch humanen Phänomene einzusteigen, mit einem Wort, daß nur eine *rehumanisierte Psychotherapie* imstande sein wird, die Zeichen der Zeit zu verstehen und sich den Nöten der Zeit zu stellen. Mit anderen Worten: Es dürfte inzwischen klar geworden sein, daß wir, um die existentielle Frustration oder gar eine noogene Neurose auch nur zu diagnostizieren, im Menschen ein Wesen sehen müssen, das – kraft seiner Selbsttranszendenz – ständig auf der Suche nach Sinn ist. Was aber nicht die Diagnose, sondern die Therapie anlangt, und zwar nicht die Therapie der noogenen, sondern die Therapie der psychogenen Neurose, müssen wir, um alle Möglichkeiten auszuschöpfen, auf die den Menschen nicht weniger auszeichnende Fähigkeit zur Selbstdistanzierung zurückgreifen, und ihr begegnen wir nicht zuletzt in Form seiner Fähigkeit zum Humor. Eine humane, eine humanisierte, eine rehumanisierte Psychotherapie setzt also voraus, daß wir die Selbsttranszendenz in den Blick und die Selbstdistanzierung in den Griff bekommen. Beides ist aber nicht möglich, wenn wir im Menschen ein Tier sehen. Kein Tier schert sich um den Sinn des Lebens, und kein Tier kann lachen. Damit ist nicht gesagt, daß der Mensch nur Mensch und nicht auch Tier ist. Die Dimension des Menschen ist ja gegenüber der Dimension des Tieres die höhere, und das heißt, daß sie die niedrigere Dimension einschließt. Die Feststellung spezifisch humaner Phänomene im Menschen und die gleichzeitige Anerkennung subhumaner Phänomene an ihm widersprechen einander also gar nicht, denn zwischen dem Humanen und dem Subhumanen besteht ja kein Ausschließlichkeits-, sondern – wenn ich so sagen darf – ein Einschließlichkeitsverhältnis.

Die Technik der paradoxen Intention

Es ist nun genau das Anliegen der logotherapeutischen Technik der paradoxen Intention, die Fähigkeit zur Selbstdistanzierung im Rahmen der Behandlung der psychogenen Neurose zu mobilisieren, während einer weiteren logotherapeutischen Technik, der Dereflexion, das andere fundamental-anthropologische Faktum, nämlich die Selbsttranszendenz, zugrunde liegt. Um diese beiden Behandlungsmethoden zu verstehen, müssen wir aber von der Neurosentheorie der Logotherapie ausgehen.

Wir unterscheiden da drei pathogene Reaktionsmuster. Das erste läßt sich folgendermaßen beschreiben: Der Patient reagiert auf ein gegebenes Symptom (Abbildung 1) mit der Befürchtung,

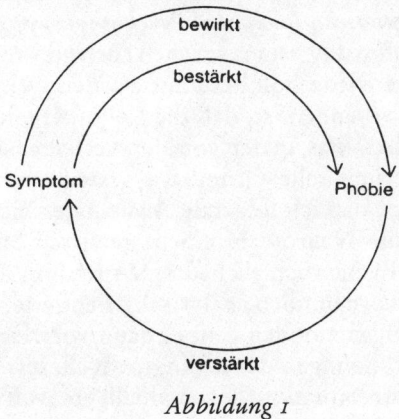

Abbildung 1

es könnte wieder auftreten, also mit Erwartungsangst, und diese Erwartungsangst bringt es mit sich, daß das Symptom dann auch wirklich wieder auftritt – ein Ereignis, das den Patienten in seiner ursprünglichen Befürchtung nur bestärkt.

Nun kann das, vor dessen Wiederauftreten der Patient solche Angst hat, unter Umständen auch die Angst sein. Unsere Patienten sprechen da von einer »Angst vor der Angst«, und zwar ganz spontan. Und wie wird diese Angst von ihnen motiviert? Nun, für gewöhnlich fürchten sie sich vor dem Ohnmächtigwerden, vor einem Herzinfarkt oder davor, daß sie der Schlag treffen könnte. Wie reagieren sie aber auf ihre Angst vor der Angst? Mit Flucht. Sie vermeiden es etwa, das Haus zu verlassen. Tatsächlich ist die Agoraphobie das Paradigma dieses ersten, des angstneurotischen Reaktionsmusters.

Warum soll dieses Reaktionsmuster aber »pathogen« sein? In einem auf Einladung der American Association for the Advancement of Psychotherapy gehaltenen Vortrag (New York, 26. Februar 1960) habe ich es folgendermaßen formuliert: »Phobias and obsessive-compulsive neuroses are partially due to the endeavor to avoid the situation in which anxiety arises.« Diese meine Auffassung, daß die Flucht vor der Angst durch das Vermeiden der die Angst auslösenden Situation für die Perpetuierung des angstneurotischen Reaktionsmusters so entscheidend ist (Viktor E. Frankl, *Paradoxical Intention: A Logotherapeutic Technique*, in: *American Journal of Psychotherapy* 14, 520, 1960) – diese meine Auffassung ist inzwischen auch von verhaltenstherapeutischer Seite wiederholt bestätigt worden. Wie denn überhaupt nicht zu verkennen ist, daß die Logotherapie vieles vorweggenommen hat, was später von der Verhaltenstherapie auf eine solide experimentelle Grundlage gestellt wurde. War es doch bereits 1947, daß ich folgende Ansicht vertrat: »Bekanntlich kann man die Neurose in einem gewissen Sinn und mit einem gewissen Recht auch als bedingten Reflex-Mechanismus auffassen. Allen vornehmlich analytisch orientierten seelenärztlichen Behandlungsmethoden geht es dann vorwiegend darum, die primären Bedingungen des bedingten Reflexes, nämlich die äußere und innere Situation des erstmaligen Auftretens eines meurotischen Symptoms, bewußtseinsmäßig zu erhellen. Wir aber sind der Ansicht, daß die eigentliche Neurose – die manifeste, die bereits fixierte – nicht nur durch ihre primäre Bedingung verursacht ist, sondern durch ihre (sekundäre) *Bahnung*. Gebahnt jedoch wird der bedingte Reflex, als welchen wir das neurotische Symptom jetzt aufzufassen versuchen, durch den Circulus vitiosus der Erwartungsangst! Wollen wir demnach einen eingeschliffenen Reflex sozusagen entbahnen, dann gilt es allemal, die Erwartungsangst zu beseitigen, und zwar in jener angegebenen Art und Weise, als deren Prinzip wir die paradoxe Intention hingestellt haben.« (Viktor E. Frankl, *Die Psychotherapie in der Praxis*, Franz Deuticke, Wien 1947.)

Das zweite pathogene Reaktionsmuster ist nun nicht in angstneurotischen, sondern in zwangsneurotischen Fällen zu beobachten. Der Patient steht unter dem Druck (Abbildung 2) der auf ihn einstürmenden Zwangsvorstellungen und reagiert auf sie, indem er sie zu unterdrücken versucht. Er sucht also, einen Gegendruck auszuüben. Dieser Gegendruck aber ist es, was den ursprünglichen Druck noch erhöht. Wieder schließt sich der Kreis, und wieder schließt sich der Patient in diesen Teufelskreis ein. Was die Zwangsneurose charakterisiert, ist aber nicht, wie im Falle der Angstneurose, eine Flucht, sondern der Kampf, das Ankämpfen gegen die Zwangsvorstellungen. Wieder hätten wir uns zu fragen, was ihn dazu bewegt und veranlaßt. Und es stellt sich heraus, daß sich der Patient entweder davor fürchtet, die

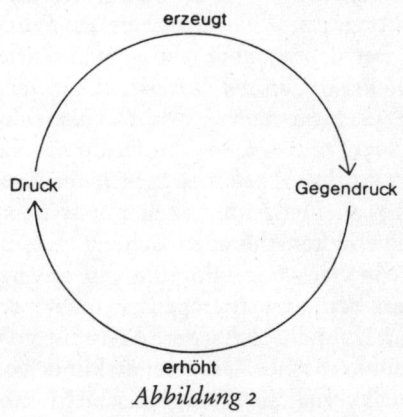

Abbildung 2

Zwangsvorstellungen könnten mehr als eine Neurose sein, indem sie eine Psychose signalisieren, oder davor, er könnte Zwangsvorstellungen kriminellen Inhalts in die Tat umsetzen, indem er jemandem etwas antut – jemandem oder sich selbst. So oder so: Der an einer Zwangsneurose leidende Patient hat nicht Angst vor der Angst selbst, sondern Angst vor sich selbst.

Es ist nun die Aufgabe der paradoxen Intention, die beiden Zirkelmechanismen zu sprengen, aufzubrechen, aus den Angeln zu heben. Und zwar geschieht das, indem den Befürchtungen des Patienten der Wind aus den Segeln genommen wird, indem er also, wie sich ein Patient einmal ausdrückte, »den Stier bei den Hörnern packt«. Wobei darauf Rücksicht zu nehmen ist, daß sich der Angstneurotiker vor etwas fürchtet, was ihm widerfahren könnte, während sich der Zwangsneurotiker auch vor etwas fürchtet, was er anstellen könnte. Beides wird nun berücksichtigt, wenn wir die paradoxe Intention folgendermaßen definieren: Der Patient wird angewiesen, genau das, wovor er sich immer sosehr gefürchtet hatte, nunmehr sich zu wünschen (Angstneurose) beziehungsweise sich vorzunehmen (Zwangsneurose).

Wie wir sehen, handelt es sich bei der paradoxen Intention um eine Inversion jener Intention, die die beiden pathogenen Reaktionsmuster charakterisiert, nämlich des Vermeidens von Angst und Zwang durch Flucht vor der ersteren beziehungsweise Kampf gegen den letzteren.

Die paradoxe Intention wurde von mir bereits 1929 praktiziert (Ludwig J. Pongratz, *Psychotherapie in Selbstdarstellungen*, Hans Huber, Bern 1973), aber erst 1939 beschrieben (Viktor E. Frankl, *Zur medikamentösen Unterstützung der Psychotherapie bei Neurosen*, in: *Schweizer Archiv für Neurologie und Psychiatrie* 43, 26, 1939) und erst 1947 unter ihrem Namen publiziert (Viktor E. Frankl, *Die Psychotherapie in der Praxis*, Franz Deuticke, Wien 1947). Die Ähnlichkeit mit später auf den Markt gekommenen verhaltenstherapeutischen Behandlungsmethoden wie »exposure in vivo« und »flooding« ist unverkennbar und ist auch einzelnen Verhaltenstherapeuten nicht verborgen geblieben. Professor L. Michael Ascher, Assistent von Wolpe an der Verhaltenstherapeutischen Universitätsklinik von Philadelphia, meint sogar, daß verhaltenstherapeutische Methoden entwickelt worden sind, die einfach »Übersetzungen der paradoxen Intention ins Lerntheoretische« sind, was im besonderen für die »implosion« genannte Methode gelte. (*Paradoxical Intention*, in: *Handbook of Behavioral Interventions*, hrsg. von A. Goldstein und E. B. Foa, New York, John Wiley, 1980.) Professor Irvin D. Yalom von der Stanford University wieder meint, die logotherapeutische Technik der paradoxen Intention habe die von Milton Erickson, Jay Haley, Don Jackson und Paul Watzlawick eingeführte und »symptom prescription« genannte Methode vorweggenommen. (*Existential Psychotherapy*, Basic Books, New York, 1980.)

Nur um so bemerkenswerter ist es, daß der erste Versuch, die Wirksamkeit der paradoxen Intention experimentell zu beweisen, von Verhaltenstherapeuten unternommen wurde. Waren es doch die Professoren L. Solyom, J. Garza-Perez, B. L. Ledwidge und C. Solyom von der Psychiatrischen Klinik der McGill University, die in Fällen von chronischer Zwangsneurose jeweils zwei gleich intensiv ausgeprägte Symptome auswählten und dann das eine, das Zielsymptom, mit paradoxer Intention behandelten, während das andere, das »Kontroll«-Symptom, unbehandelt blieb. Tatsächlich ergab sich, daß einzig und allein die jeweils behandelten Symptome dahinschwanden, und zwar innerhalb weniger Wochen. (*Paradoxical Intention in the Treatment of Obsessive Thoughts: A Pilot Study*, in: *Comprehensive Psychiatry* 13, 291, 1972.)

Ebenfalls um den experimentellen Nachweis der therapeutischen Bedeutsamkeit und Wirksamkeit der paradoxen Intentionstechnik hat sich Ascher verdient gemacht. Im allgemeinen ergab sich, daß diese logotherapeutische Technik den diversen verhaltenstherapeutischen »Interventionen« gleichwertig ist. In Fällen von Einschlafstörung jedoch, aber auch in Fällen neurotischer Miktionsstörung, war ihnen die logotherapeutische Methode sogar überlegen. Was die Fälle von Einschlafstörung anlangt, hatten Aschers Patienten ursprünglich im Durchschnitt 48,6 Minuten gebraucht, um in den Schlaf zu sinken. Nach zehn Wochen verhaltenstherapeutischer Behandlung waren es 39,36 Minuten. Wurden jedoch anschließend zwei Wochen auf paradoxe Intention verwendet, waren es nur noch 10,2 Minuten.

(L. M. Ascher und J. Efran, *Use of paradoxical intention in a behavioral program for sleep onset insomnia,* in: *Journal of Consulting and Clinical Psychology,* 1978, 46, pp. 547–550.)

Nun wollen wir uns aber der paradoxen Intention zuwenden, wie sie lege artis, nach den Regeln der Logotherapie durchgeführt wird, und zwar soll dies an Hand von Kasuistik erläutert werden. Spencer Adolph M. aus San Diego, California, schreibt uns: »Zwei Tage, nachdem ich Ihr Buch *Man's Search for Meaning* gelesen hatte, befand ich mich in einer Situation, die mir Gelegenheit gab, die Logotherapie einmal auf die Probe zu stellen. An der Universität nehme ich nämlich an einem Seminar über Martin Buber teil, und während der ersten Zusammenkunft nahm ich mir kein Blatt vor den Mund, als ich glaubte, genau das Gegenteil von dem sagen zu müssen, was die anderen gesagt hatten. Da begann ich auf einmal mächtig zu schwitzen. Und sobald ich das bemerkt hatte, bekam ich es mit der Angst zu tun, die anderen könnten es merken, woraufhin ich erst recht zu schwitzen begann. Plötzlich fiel mir der Fall eines Arztes ein, der Sie wegen seiner Angst vor Schweißausbrüchen konsultiert hatte, und ich dachte mir, meine Situation sei doch ähnlich. Aber ich halte nicht viel von der Psychotherapie, und von der Logotherapie am allerwenigsten. Aber nur um so mehr schien mir meine Situation eine einmalige Gelegenheit zu sein, um die paradoxe Intention einmal auszuprobieren. Was war es doch, was Sie Ihrem Kollegen geraten hatten? Er möge sich doch zur Abwechslung einmal wünschen und vornehmen, den Leuten zu zeigen, wie tüchtig er schwitzen kann – ›bisher hab' ich nur einen Liter zusammengeschwitzt, jetzt aber will ich zehn Liter herausschwitzen‹, heißt es in Ihrem Buch. Und während ich im Seminar weitersprach, sagte ich mir: Tu doch auch du einmal deinen Kollegen was vorschwitzen, Spencer! Aber so richtig – das ist noch gar nichts –, noch viel mehr sollst du schwitzen! Und es vergingen nicht mehr als ein paar Sekunden, und ich konnte beobachten, wie meine Haut trocken wurde. Innerlich mußte ich lachen. War ich doch nicht darauf gefaßt, daß die paradoxe Intention wirken wird, und noch dazu sofort. Zum Teufel noch einmal, sagte ich mir, da muß was dran sein, an dieser paradoxen Intention – das hat hingehaut,

und dabei bin ich doch so skeptisch gegenüber der Logotherapie.«

Einem Bericht von Mohammed Sadiq entnehmen wir folgenden Fall: »Frau N., eine 48 Jahre alte Patientin, litt an Zittern,
und zwar in dem Maße, daß sie außerstande war, eine Schale
Kaffee oder ein Glas Wasser zu halten, ohne etwas zu verschüt-
ten. Auch konnte sie weder schreiben noch ein Buch ruhig genug
halten, um lesen zu können. Eines Morgens ergab es sich, daß
wir einander allein gegenübersaßen und sie wieder einmal zu zittern begann. Daraufhin beschloß ich, einmal die paradoxe Intention zu versuchen, und zwar richtig mit Humor. So begann ich
denn: ›Wie wär's Frau N., wenn wir einmal ein Wettzittern ver-
anstalteten?‹ Sie: ›Was soll das heißen?‹ Ich: ›Wir wollen einmal
sehen, wer schneller und wer länger zittern kann.‹ Sie: ›Ich hab'
nicht gewußt, daß Sie ebenfalls an Zittern leiden.‹ Ich: ›Nein,
nein – keineswegs; wenn ich aber will, dann kann ich zittern.‹
(Und ich begann – und wie.) Sie: ›Jö – Sie können's ja schneller
als ich.‹ (Und lächelnd begann sie, ihr Zittern zu beschleunigen.)
Ich: ›Schneller – los, Frau N., Sie müssen viel schneller zittern.‹
Sie: ›Aber ich kann ja nicht – hören Sie auf, ich kann nicht mehr
weiter.‹ Und sie war wirklich müde geworden. Sie stand auf,
ging in die Küche und kam zurück – mit einer Schale Kaffee.
Und sie trank sie aus, ohne auch nur einen Tropfen zu verschüt-
ten. Wann immer ich sie seither beim Zittern ertappe, brauche
ich bloß zu sagen: ›Nun, Frau N., wie wär's mit einem Wettzittern?‹ Woraufhin sie zu sagen pflegt: ›Schon recht, schon recht.‹
Und das hat noch jedesmal geholfen.«

Ein Universitätsassistent schreibt uns: »Ich hatte mich ir-
gendwo vorzustellen, nachdem ich mich um einen Posten be-
worben hatte, an dem mir sehr viel gelegen war, da ich dann in
der Lage gewesen wäre, Frau und Kinder nach Kalifornien nachkommen zu lassen. Ich war aber sehr nervös und bemühte mich
riesig, einen guten Eindruck zu hinterlassen. Wann immer ich
aber nervös werde, fangen meine Beine zu zucken an, und zwar
in einem Ausmaß, daß es die Anwesenden merken müssen. Und
so geschah's auch diesmal. Diesmal aber sagte ich mir: Jetzt
werd' ich einmal diese Saumuskeln da so zwingen, zu zucken,
daß ich nicht mehr sitzenbleiben kann, sondern aufspringen und

im Zimmer so lange herumtanzen muß, bis die Leute glauben, daß ich überg'schnappt bin. Diese Saumuskeln werden heute zucken wie noch nie – heut' gibt's einen Zuckrekord. – Nun, die Muskeln haben während der ganzen Besprechung kein einziges Mal gezuckt, ich hab' den Posten bekommen, und meine Familie wird bald hier in Kalifornien sein.«

Die Anwendung der paradoxen Intention in Fällen von Stottern ist in der Literatur viel diskutiert worden. Manfred Eisenmann widmete seine Dissertation an der Universität Freiburg im Breisgau (1960) dem Thema. J. Lehembre publizierte seine Erfahrungen mit Kindern und hebt hervor, daß es nur ein einziges Mal zu Ersatzsymptomen gekommen wäre (*L'intention paradoxale, procédé de psychothérapie*, in: *Acta neurol. belg.* 64, 725, 1964), was ja mit den Beobachtungen von L. Solyom, Garza-Perez, Ledwidge und C. Solyom übereinstimmt, die – nach paradoxer Intention – sogar in keinem einzigen Falle Ersatzsymptome feststellen konnten (l. c.)*.

Sadiq, den wir bereits zitiert haben, behandelte einmal eine 54 Jahre alte Patientin, die von Schlafmitteln abhängig geworden und dann in ein Spital eingeliefert worden war: »Um 10 Uhr abends kam sie aus ihrem Zimmer heraus und bat um ein Schlafmittel. Sie: ›Darf ich um meine Pillen bitten?‹ Ich: ›Tut mir leid – die sind heute ausgegangen, und die Schwester hat vergessen, rechtzeitig neue zu bestellen.‹ Sie: ›Wie soll ich jetzt schlafen können?‹ Ich: ›Heute wird's eben ohne Schlafmittel gehen müssen.‹ Zwei Stunden später erscheint sie wieder. Sie: ›Es geht einfach nicht.‹ Ich: ›Und wie wär's, wenn Sie sich wieder hinlegten und zur Abwechslung einmal versuchten, nicht zu schlafen, sondern – im Gegenteil – die ganze Nacht aufzubleiben?‹ Sie: ›Ich hab' immer geglaubt, ich bin verrückt, aber mir scheint, Sie sind's auch.‹ Ich: ›Wissen Sie, manchmal macht's mir Spaß, verrückt zu sein, oder können Sie das nicht verstehen?‹ Sie: ›War das

---

* Ersatzsymptome konnte Ascher nach der Anwendung paradoxer Intention nicht beobachten. Auch spricht er sich dagegen aus, paradoxe Intention auf Suggestion zurückzuführen: »Paradoxical intention was effective even though the expectations of the clients were assumed to be in opposition to the functioning of the technique.«

Ihr Ernst?‹ Ich: ›Was denn?‹ Sie: ›Daß ich versuchen soll, nicht zu schlafen.‹ Ich: ›Natürlich war das mein Ernst. Versuchen Sie's doch einmal! Wir wollen einmal sehen, ob Sie die ganze Nacht wach bleiben können. Nun?‹ Sie: ›O. K.‹ – Und als die Schwester morgens ihr Zimmer betrat, um ihr das Frühstück zu bringen, war die Patientin noch immer nicht erwacht.«

R. W. Medlicott, dem Psychiater von der Universität Neuseeland, blieb es vorbehalten, die paradoxe Intention erstmalig nicht nur aufs Schlafen, sondern auch aufs Träumen anzuwenden. Er hatte mit ihr schon viel Erfolg gehabt – wie er hervorhebt, auch im Falle eines Patienten, der von Beruf Psychoanalytiker war. Da war aber eine Patientin, die an regelmäßigen Alpträumen litt, und zwar träumte sie jeweils, daß sie verfolgt und schließlich niedergestochen werde. Dann schrie sie auf, und ihr Mann wachte ebenfalls auf. Medlicott trug ihr nun auf, alles daranzusetzen, um diese schrecklichen Träume zu Ende zu träumen, bis auch die Messerstecherei ein Ende habe. Und was geschah? Es gab keine Alpträume mehr, aber der Schlaf des Mannes war nach wie vor gestört: Die Patientin schrie zwar nicht mehr auf, während sie schlief, aber dafür mußte sie nunmehr so laut lachen, daß der Mann auch jetzt nicht ruhig schlafen konnte. (*The Management of Anxiety,* in: *New Zealand Medical Journal* 70, 155, 1969.)

Immer wieder konnte beobachtet werden, daß die paradoxe Intention auch in schweren und chronischen, lang anhaltenden Fällen wirkt, und sie tut es auch dann, wenn die Behandlung kurz dauert. So wurden Fälle von Zwangsneurose beschrieben, die sechzig Jahre lang bestanden hatten, bis mit der paradoxen Intention eine entscheidende Besserung herbeigeführt wurde. (K. Kocourek, Eva Niebauer und Paul Polak, *Ergebnisse der klinischen Anwendung der Logotherapie*, in: *Handbuch der Neurosenlehre und Psychotherapie*, hrsg. von Viktor E. Frankl, Victor E. v. Gebsattel und J. H. Schultz, Urban & Schwarzenberg, München-Berlin 1959.) Die therapeutischen Erfolge, die sich mit dieser Technik erzielen lassen, sind zumindest dann erstaunlich und bemerkenswert, wenn wir sie mit dem ubiquitären Pessimismus konfrontieren, mit dem der Psychiater von heute schweren und chronischen Zwangsneurosen gegenübertritt. So verweisen L. Solyom, Garza-Perez, Ledwidge und C. Solyom (l. c.) auf das Ergebnis von zwölf nachgehenden Untersuchungen, die aus sieben verschiedenen Ländern stammen und denen zufolge sich die Zwangsneurose in 50 Prozent der Fälle als therapeutisch unbeeinflußbar erwies. Die Autoren halten die Prognose der Zwangsneurose für schlechter als die Prognose jeder anderen Neurosenform, und die Verhaltenstherapie, meinen sie, habe da keinen Wandel zuwege gebracht, denn nur 46 Prozent der von Verhaltenstherapeuten publizierten Fälle seien gebessert worden. Aber auch D. Henkel, C. Schmook und R. Bastine (in: *Praxis der Psychotherapie* 17, 236, 1972) weisen unter Berufung auf erfahrene Psychoanalytiker darauf hin, »daß sich besonders schwere Zwangsneurosen trotz intensiver therapeutischer Bemühungen als unbehandelbar erweisen«, während die paradoxe Intention »deutlich Möglichkeiten zu einer wesentlich kurzfristigeren Beeinflussung zwangsneurotischer Störungen erkennen läßt«.

Daß auch in Fällen von langer Dauer die paradoxe Intention helfen und dabei die Behandlung von kurzer Dauer sein kann, soll mit folgender Kasuistik belegt werden. In dem von Arnold A. Lazarus herausgegebenen Buch *Clinical Behavior Therapy* (Brunner-Mazel, New York 1972) bespricht Max Jacobs folgenden Fall: Mrs. K. hatte mindestens fünfzehn Jahre lang an einer schweren Klaustrophobie gelitten, als sie ihn in Südafrika aufsuchte, und zwar eine Woche, bevor sie von dort nach England fliegen mußte, das ihre Heimat ist. Sie ist Opernsängerin und muß viel in der Welt herumfliegen, um ihren Engagementverpflichtungen nachzukommen. Dabei konzentrierte sich die Klaustrophobie ausgerechnet auf Flugzeuge, Aufzüge, Züge, Restaurants und – Theater. »Frankl's technique of paradoxical intention was then brought in«, heißt es weiter, und tatsächlich wies Jacobs die Patientin an, die ihre Phobie auslösenden Situationen aufzusuchen und sich zu wünschen, was sie immer so gefürchtet hatte, nämlich zu ersticken – auf der Stelle will ich ersticken, mußte sie sich sagen, los: »let it do its damndest«. Dazu kam noch, daß die Patientin in »progressive relaxation« und »desensitization« instruiert wurde. Zwei Tage später stellte sich heraus, daß sie bereits imstande war, ohne weiteres ein Restaurant aufzusuchen, im Aufzug und sogar in einem Autobus zu fahren. Vier Tage später konnte sie ohne Angst ein Kino besuchen und sah ihrem Rückflug nach England ohne Erwartungsangst entgegen. Aus London berichtete sie dann, daß sie sogar imstande war, erstmalig nach vielen Jahren wieder in der Untergrundbahn zu fahren. Fünfzehn Monate nach der so kurz dauernden Behandlung ergab sich, daß die Patientin beschwerdefrei geblieben war.

Jacobs beschreibt anschließend einen Fall, in dem es sich nicht um eine Angst-, sondern um eine Zwangsneurose handelte. Mr. T. hatte zwölf Jahre lang an seiner Neurose gelitten und ohne Erfolg sowohl eine Psychoanalyse als auch eine Elektroschockbehandlung über sich ergehen lassen. Hauptsächlich fürchtete er zu ersticken, und zwar beim Essen, beim Trinken oder beim Überqueren einer Straße. Jacobs wies ihn nun an, genau das zu tun, was er immer so gefürchtet hatte: »Using the technique of paradoxical intention, he was given a glass of water to drink and told to try as hard as possible to make himself choke« – im Sinne der paradoxen Intention reichte Jacobs dem Patienten ein Glas Wasser und forderte ihn auf, alles daranzusetzen, um zu ersticken. »He was instructed to try to choke at least 3 times a day« – er sollte sich vornehmen, mindestens dreimal täglich zu ersticken. Daneben wurde Entspannung geübt, und während der zwölften Sitzung konnte der Patient berichten, daß er komplett beschwerdefrei geworden war.

Es ist erstaunlich, wie häufig auch Laien die paradoxe Intention mit Erfolg auf sich selbst anwenden. Vor uns liegt der Brief einer vierzehn Jahre lang an Platzangst Leidenden, die drei Jahre lang ohne Erfolg in orthodox-psychoanalytischer Behandlung gestanden war. Zwei Jahre lang wurde sie von einem Hypnotiseur behandelt, woraufhin sich ihre Platzangst ein wenig besserte. Für die Dauer von sechs Wochen mußte sie sogar interniert werden. Nichts half wirklich. Immerhin schreibt die Kranke: »Nothing has really changed in fourteen years. Every day of those years was hell.« Dann war es wieder einmal so weit, daß sie auf der Straße umkehren wollte. So arg überkam sie die Platzangst. Da fiel ihr ein, was sie in meinem Buch *Man's Search for Meaning* gelesen hatte, und sie sagte sich: »Jetzt werd' ich einmal all den Leuten rings um mich hier auf der Straße zeigen, wie ausgezeichnet ich das alles kann: in Panik geraten und kollabieren.« Und auf einmal war sie ruhig. Sie setzte ihren Weg zum Supermarkt fort und besorgte ihre Einkäufe. Als es dann aber zum Zahlen kam, geriet sie in Schweiß und begann zu zittern. Da sagte sie sich: »Dem Kassier da werd' ich jetzt einmal zeigen, was ich zusammenschwitzen kann. Der wird Augen machen.« Erst auf dem Rückweg bemerkte sie, wie ruhig sie geworden war. Und so ging es weiter. Nach wenigen Wochen war sie imstande, mit Hilfe der paradoxen Intention die Platzangst so weit zu beherrschen, daß sie manchmal nicht glauben konnte, daß sie jemals krank gewesen war.

Bliebe noch, das dritte pathogene Reaktionsmuster zu besprechen. Während das erste für angstneurotische und das zweite für zwangsneurotische Fälle charakteristisch ist, handelt es sich beim dritten pathogenen Reaktionsmuster um einen Mechanismus, dem wir bei Sexualneurosen begegnen, also in Fällen, in denen Potenz und Orgasmus gestört sind. Und zwar beobachten wir in diesen Fällen wieder, wie bei den Zwangsneurosen, daß der Patient kämpft, aber bei den Sexualneurosen kämpft er nicht *gegen* etwas – wir sagten doch, der Zwangsneurotiker kämpfe gegen den Zwang –, sondern er kämpft *um* etwas, und er tut es insofern, als er, eben in Form von Potenz und Orgasmus, um sexuelle Lust kämpft. Aber leider: Je mehr es einem um Lust geht, um so mehr vergeht sie einem auch schon. Dem direkten Zugriff entzieht sie sich nämlich. Denn Lust ist weder der wirkliche Zweck unseres Verhaltens und Handelns noch ein mögliches Ziel, vielmehr ist sie in Wirklichkeit eine Wirkung, eine Nebenwirkung, die sich von selbst einstellt, wann immer wir unsere Selbsttranszendenz ausleben, wann immer wir uns also entweder liebend einem anderen oder aber dienend einer Sache hingeben. Der Weg zu Lustgewinn und Selbstverwirklichung führt nun einmal über Selbsthingabe und Selbstvergessenheit. Wer diesen Weg für einen Umweg hält, ist versucht, eine Abkürzung zu wählen und auf die Lust wie auf ein Ziel loszusteuern. Allein, die Abkürzung erweist sich als eine Sackgasse.

Und wieder können wir beobachten, wie sich der Patient in einem Teufelskreis verfängt. Der Kampf um die Lust, der Kampf

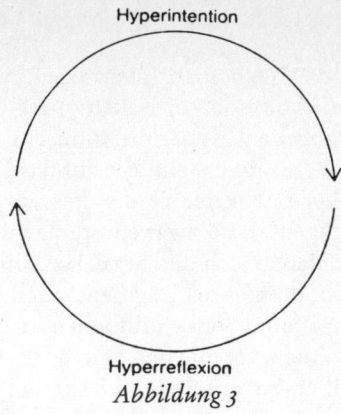

Hyperintention

Hyperreflexion

Abbildung 3

um Potenz und Orgasmus, der Wille zur Lust, die forcierte, eine Hyperintention (Abbildung 3) der Lust bringt einen nicht nur um die Lust, sondern bringt auch eine ebenso forcierte, eine Hyperreflexion mit sich: Man beginnt, während des Aktes sich selbst zu beobachten und womöglich auch den Partner zu belauern. Um die Spontaneität ist es dann geschehen.

Fragen wir uns, was in Fällen von Potenzstörung die Hyperintention ausgelöst haben mag, so läßt sich immer wieder feststellen, daß der Patient im Sexualakt eine Leistung sieht, die von ihm verlangt wird. Mit einem Wort, für ihn hat der Sexualakt einen Forderungscharakter. Bereits 1946 (Viktor E. Frankl, *Ärztliche Seelsorge*, Franz Deuticke, Wien) habe ich darauf hingewiesen, daß der Patient »sich zum Vollzug des Sexualakts gleichsam verpflichtet fühlt«, und zwar könne dieser »Zwang zur Sexualität ein Zwang seitens des eigenen Ich oder der Zwang seitens einer Situation sein«. Der Zwang könne aber auch von der Partnerin ausgehen (»temperamentvolle«, sexuell anspruchsvolle Partnerin). Die Bedeutung dieses dritten Moments wurde inzwischen sogar an Tieren experimentell bestätigt. So konnte Konrad Lorenz ein Kampffisch-Weibchen dazu bringen, dem Männchen bei der Paarung nicht kokett davon-, sondern energisch entgegenzuschwimmen, worauf der Kampffisch-Mann, wie es heißt, menschlich reagierte: Es verschloß sich ihm auf reflektorischem Weg der Paarungsapparat.

Die Dereflexion

Der Hyperreflexion treten wir logotherapeutisch mit einer Dereflexion entgegen, während zur Bekämpfung der in Fällen von Impotenz so pathogenen Hyperintention eine logotherapeutische Technik zur Verfügung steht, die auf das Jahr 1947 (Viktor E. Frankl, *Die Psychotherapie in der Praxis,* Franz Deuticke, Wien 1947) zurückgeht. Und zwar empfehlen wir, den Patienten dazu zu bewegen, daß er sich den Sexualakt »nicht programmatisch vornimmt, sondern es bei fragmentarisch bleibenden Zärtlichkeiten, etwa im Sinne eines mutuellen sexuellen Vorspiels, bewenden läßt«. Auch veranlassen wir »den Patienten, seiner Partnerin gegenüber zu erklären, wir hätten vorderhand ein strenges Koitusverbot erlassen – in Wirklichkeit soll sich der Patient über kurz oder lang nicht mehr daran halten, sondern er soll sich – nunmehr entlastet vom Druck sexueller Forderungen, wie sie bis dahin von Seiten der Partnerin an ihn ergangen waren – in einer zunehmenden Annäherung ans Triebziel heranmachen, auf die Gefahr hin, daß er von der Partnerin – eben unter Hinweis auf das vorgebliche Koitusverbot – abgewiesen würde. Je mehr er refüsiert wird, desto mehr reüssiert er auch schon.«

William S. Sahakian und Barbara Jacquelyn Sahakian (*Logotherapy as a Personality Theory,* in: *Israel Annals of Psychiatry* 10, 230, 1972) sind der Ansicht, daß die Forschungsergebnisse von W. Masters und V. Johnson unsere eigenen durchaus bestätigt haben. Tatsächlich ist ja auch die 1970 von Masters und Johnson entwickelte Behandlungsmethode der 1947 von uns publizierten und soeben skizzierten Behandlungstechnik in vielen Punkten sehr ähnlich. Im folgenden sollen unsere Ausführungen aber wieder einmal kasuistisch belegt werden.

Die Patientin wandte sich wegen ihrer Frigidität an mich. In der Kindheit war sie vom eigenen Vater geschlechtlich mißbraucht worden. »Dies muß sich rächen«, so lautete die Überzeugung meiner Patientin. Im Banne dieser Erwartungsangst aber war sie, wann immer es zu einem intimen Beisammensein mit ihrem Partner kam, »auf der Lauer«; denn sie wollte sich endlich einmal in ihrer Weiblichkeit bewähren und bestätigen. Eben damit war jedoch ihre Aufmerksamkeit aufgeteilt zwischen dem Partner und ihr selbst. All dies mußte aber auch schon den Orgasmus vereiteln; denn in dem Maße, in dem man auf den Sexualakt achtgibt, in ebendemselben Maße ist man auch schon unfähig, sich hinzugeben. – Ich redete ihr ein, ich hätte im Augenblick keine Zeit, die Behandlung zu übernehmen, und bestellte sie für in zwei Monaten wieder. Bis dahin aber möge sie sich nicht weiter um ihre Fähigkeit beziehungsweise Unfähigkeit zum Orgasmus kümmern – die würde dann im Rahmen der Behandlung ausgiebig zur Sprache kommen –, sondern nur um so mehr während des Geschlechtsverkehrs ihre Aufmerksamkeit dem Partner zuwenden. Und der weitere Verlauf gab mir recht. Was ich erwartet hatte, trat ein. Die Patientin kam nicht erst nach zwei Monaten wieder, sondern bereits nach zwei Tagen – geheilt. Die bloße Ablösung der Aufmerksamkeit von sich selbst, von ihrer eigenen Fähigkeit beziehungsweise Unfähigkeit zum Orgasmus – kurz: eine Dereflexion – und die nur um so unbefangenere Hingabe an den Partner hatten genügt, um erstmalig den Orgasmus herbeizuführen.

Mitunter kann unser »Trick« nur ausgespielt werden, wenn weder der eine noch der andere Partner eingeweiht ist. Wie erfinderisch man in einer solchen Situation sein muß, erhellt folgender Bericht, den ich Myron J. Horn – einem ehemaligen Studenten von mir – verdanke: »Ein junges Paar suchte mich wegen der Impotenz des Mannes auf. Seine Frau hatte ihm wiederholt gesagt, daß er ein miserabler Liebhaber (›a lousy lover‹) sei und sie nunmehr gedenke, sich mit anderen Männern einzulassen, um endlich einmal wirklich befriedigt zu werden. Ich forderte die beiden nun auf, eine Woche hindurch jeden Abend mindestens eine Stunde lang nackt miteinander im Bett zu verbringen und zu tun, was ihnen behagt, das einzige, was aber unter keinen Umständen zulässig ist, sei der Koitus. Eine Woche später sah ich sie wieder. Sie hätten versucht, meinten sie, meine Anweisungen zu befolgen, aber ›leider‹ sei es dreimal zum Koitus gekommen. Ich gab mich erzürnt und bestand darauf, daß sie sich wenigstens in der kommenden Woche an meine Instruktionen halten. Es vergingen nur wenige Tage, und sie riefen mich an, um abermals zu berichten, daß sie außerstande gewesen waren, mir zu folgen, vielmehr war es jetzt sogar mehrmals täglich zum Koitus gekommen. Ein Jahr später erfuhr ich dann, daß es bei diesem Erfolg auch geblieben war.«

Es ist aber auch möglich, daß wir nicht den Patienten, sondern seine Partnerin in unseren »Trick« einweihen müssen. So geschah es im folgenden Falle. Die Teilnehmerin an einem Logotherapie-Seminar, das Joseph B. Fabry an der Universität von Berkeley hielt, wandte unsere Technik unter seiner Führung auf ihren eigenen Partner an, der von Beruf Psychologe war und als solcher eine Sexualberatungsstelle leitete. (Ausgebildet war er von Masters und Johnson worden.) Dieser Sexualberater erwies sich nun selber und seinerseits als potenzgestört. »Using a Frankl technique« – so wird uns berichtet –, »we decided that Susan should tell her friend that she was under doctor's care who had given her some medication and told her not to have intercourse for a month. They were allowed to be physically close and do everything up to actual intercourse. Next week Susan reported that it had worked.« Dann gab's aber einen Rückfall. Fabrys Studentin Susan war aber erfinderisch genug, um diesmal allein mit der Potenzstörung ihres Partners fertig zu werden: »Since she could not have repeated the story about doctor's orders she had told her friend that she had had seldom, if ever, reached orgasm and asked him not to have intercourse that night but to help her with her problem of orgasm.« Sie übernahm also die Rolle einer Patientin, um ihrem Partner die Rolle des praktizierenden Sexualberaters aufzudrängen und ihn so in die Selbsttranszendenz zu lotsen. Damit wurde aber auch schon die Dereflexion herbeigeführt und die so pathogen gewesene Hyperreflexion ausgeschaltet. »Again it worked. Since then no more problem with impotence occurred.«

Gustave Ehrentraut, ein kalifornischer Sexualberater, hatte einmal einen Patienten zu behandeln, der seit sechzehn Jahren an Ejaculatio praecox litt. Zuerst wurde der Fall verhaltenstherapeutisch angegangen, aber auch nach zwei Monaten stellte sich kein Erfolg ein. »I decided to attempt Frankl's paradoxical intention«, heißt es dann weiter. »I informed the patient that he wasn't going to be able to change his premature ejaculation, and that he should, therefore, only attempt to satisfy himself.« Als Ehrentraut dem Patienten dann noch empfahl, den Koitus so kurz wie nur möglich dauern zu lassen, wirkte sich die paradoxe Intention so aus, daß die Dauer des Koitus auf das Vierfache verlängert werden konnte. Zu einem Rückfall kam es seither nicht.

Ein anderer kalifornischer Sexualberater, Claude Farris, überließ mir einen Bericht, aus dem hervorgeht, daß die paradoxe Intention auch in Fällen von Vaginismus anwendbar ist. Für die Patientin, die in einem katholischen Kloster erzogen wurde, war die Sexualität ein strenges Tabu. In Behandlung kam sie wegen heftigster Schmerzen während des Koitus. Farris wies sie nun an, die Genitalgegend nicht zu entspannen, sondern die Scheidenmuskulatur möglichst zusammenzuziehen, so daß es ihrem Mann unmöglich wird, in die Scheide einzudringen. Eine Woche später erschienen die beiden abermals, um zu berichten, daß der Koitus das erste Mal in ihrem Eheleben schmerzfrei gewesen war. Rezidiv war keines zu verzeichnen. Das Bemerkenswerteste an diesem Bericht ist aber der Einfall, die paradoxe Intention einzuschalten, um Entspannung zustande zu bringen. In diesem Zusammenhang soll auch ein Experiment von David L. Norris, einem kalifornischen Forscher, erwähnt werden, in dessen Rahmen die Versuchsperson Steve angewiesen wurde, sich möglichst zu entspannen, was sie auch versuchte, aber ohne Erfolg, da Steve zu aktiv auf dieses Ziel lossteuerte. Norris konnte das sehr genau beobachten, da die Versuchsperson in einen Elektromyographen eingespannt war, der ständig auf fünfzig Mikro-Ampere ausschlug. Bis Steve von Norris erfuhr, daß er es in seinem ganzen Leben nicht dazu bringen werde, sich wirklich zu entspannen. Da platzte Steve heraus: »Soll die Entspannung der Teufel holen. Ich pfeif' auf Entspannung.« Und da schnellte auch schon der Zeiger des Elektromyographen auf zehn Mikro-Ampere hinunter. »With such speed«, berichtete Norris, »that I thought the unit had become disconnected. For the succeeding sessions Steve was successful because he was *not* trying to relax.«

Zusammenfassend läßt sich sagen, daß die Logotherapie fünf Indikationsbereiche kennt. Und zwar ist sie als Therapie vom Logos, vom Sinn her zunächst einmal indiziert in Fällen von *noogener* Neurose, die ja als solche, als noogene, nicht zuletzt durch einen Sinnverlust entstanden ist. In diesem ihrem *ersten*

Indikationsbereich dürfen wir die Logotherapie daher als eine spezifische Therapie ansehen.

Anders in ihrem *zweiten* Indikationsbereich: in Fällen von *psychogener* Neurose, in denen sie in Form von Dereflexion und paradoxer Intention eingesetzt wird, wirkt sie sich insofern als eine unspezifische Therapie aus, als ja die diversen pathogenen Reaktionsmuster, deren Auflösung sie sich so angelegen sein läßt, mit der Sinnproblematik nichts zu tun haben. Damit ist noch lange nicht gesagt, daß es sich bei einer solchen unspezifischen Therapie auch nur um eine symptomatische Therapie handelt. Denn Dereflexion und paradoxe Intention greifen in Fällen, in denen sie wirklich indiziert sind, die Neurose an ihrer Wurzel an, nämlich dort, wo die zu sprengenden Zirkelmechanismen eben so pathogen gewesen waren. So ist denn die Logotherapie auch dann, wenn sie qua Logotherapie nicht mehr eine spezifische Therapie ist, qua Psychotherapie noch immer eine kausale, an den Ursachen angreifende Therapie.

Wieder anders in ihrem *dritten* Indikationsbereich: da hört sie nämlich auf, überhaupt eine Therapie zu sein, und zwar aus dem einfachen Grund, weil sie es in diesem ihrem Indikationsbereich nicht nur im allgemeinen mit *somatogenen* Leiden zu tun hat, sondern im besonderen mit somatogenen Krankheiten, die unheilbar sind, bei denen es also von vornherein nur noch darum gehen kann, dem Kranken auch noch in seinem Leiden, also bis zuletzt, eine Sinnfindung zu ermöglichen, und zwar in Form der Verwirklichung von Einstellungswerten*. Wie gesagt handelt es

---

* Daß die Logotherapie unter Umständen sogar dem sterbenskranken Menschen dazu verhelfen kann, im Leben (um nicht zu sagen im Sterben) einen Sinn zu finden, geht aus streng empirischen Untersuchungen hervor, die Terry E. Zuehlke und John T. Watkins auf Grund und mit Hilfe des Purpose in Life-Tests von James C. Crumbaugh und Leonard T. Maholick durchgeführt und anschließend unter dem Titel *The use of psychotherapy with dying patients. An exploratory study* im *Journal of Clinical Psychology* (1975, 31, pp. 729–732) beziehungsweise unter dem Titel *Psychotherapy with terminally ill patients* in der Zeitschrift *Psychotherapy: Theory, Research and Practice* (1977, 14, pp. 403–410) publiziert haben. »The effectiveness of logotherapy with terminally ill patients« konnte sogar quantifiziert werden: »The patients experienced a significant increase in their sense of purpose and meaning in their lives as measured by the Purpose in Life-Test.«

sich dabei, kann es sich dabei zwar nicht mehr um eine Therapie handeln, aber niemand kann leugnen, daß solche ärztliche Seelsorge* eben in den Aufgabenbereich ärztlichen Behandelns und Handelns gehört, im Gegensatz zum

– *vierten* Indikationsbereich der Logotherapie, in dem sie nicht mehr wie in ihrem dritten Indikationsbereich eine ärztliche Behandlung (wenn auch unheilbarer Leiden und Krankheiten) ist, sondern wo sie mit *soziogenen* Phänomenen wie dem Sinnlosigkeitsgefühl, dem Leeregefühl und dem existentiellen Vakuum konfrontiert ist, also durchwegs mit Phänomenen, auf die sich das medizinische Modell nicht mehr anwenden läßt, da sie an sich noch nicht pathologisch sind, mögen sie auch noch so sehr pathogen sein, nämlich in Fällen, in denen sie zu einer noogenen Neurose führen.

Schließlich der *fünfte* Indikationsbereich der Logotherapie: Mit dem soziogenen Zweifeln und Verzweifeln an einem Lebenssinn konfrontiert, war sie, wenn schon nicht mit der ärztlichen Behandlung von Kranken, so doch mit der menschlichen Betreuung von Leidenden betraut. In ihrem fünften Indikationsbereich geht es aber weder um die spezifische oder unspezifische Therapie noogener beziehungsweise psychogener Neurosen noch um die Behandlung oder die Betreuung somatogener beziehungsweise soziogener Fälle, vielmehr um ein Verhüten, und zwar um die Verhütung *iatrogener* Neurosen. Eigentlich müßten wir aber von psychiatrogenen Neurosen sprechen. Was wir meinen, sind nämlich Fälle, in denen sich der Arzt beziehungsweise der Psychiater insofern an der Intensivierung existentieller Frustration mitschuldig macht, als er an den Patienten durchaus subhumanistische Modellvorstellungen heranträgt, so daß die Psychotherapie nolens volens auf eine Indoktrination hinausläuft, und auf eine reduktionistische noch dazu.

Sigmund Freud schrieb einmal: »Alle unsere Darstellungen warten darauf, ergänzt, überbaut und dabei berichtigt zu werden.« Und doch bleibt es dabei, daß die Psychoanalyse auch für die Psychotherapie der Zukunft die Grundlage sein wird, mag sie auch noch sosehr »überbaut werden« und, wie jeder Bau-

---

* »Was wir treiben« – sagte Freud –, »ist Seelsorge im besten Sinne.«

grund, immer mehr dem Blick entschwinden, während das Gebäude dieser Psychotherapie der Zukunft auf ihr errichtet wird. So ist denn Freuds Beitrag zur Grundlegung der Psychotherapie unvergänglich, und so ist denn auch seine Leistung unvergleichlich: Wenn wir die älteste Synagoge der Welt besuchen, die Alt-Neu-Schule in Prag, dann zeigt uns der Führer zwei Sitze – auf dem einen war der berühmte, legendenumwobene Rabbi Löw (dem man nachsagt, er habe aus einem Lehmklumpen den Golem geschaffen) gesessen, auf dem anderen saßen alle Rabbiner seither; denn keiner wagte es, sich gleich zu erachten dem Rabbi Löw und dessen Sitz einzunehmen. Und so ist denn durch die Jahrhunderte der Sitz des Rabbi Löw unbesetzt geblieben. Ich glaube, mit Freud geht es uns ähnlich: Niemand wird sich jemals mit ihm messen können.

Weitere Werke von Viktor E. Frankl

Der Mensch vor der Frage nach dem Sinn
Eine Auswahl aus dem Gesamtwerk
Vorwort von Konrad Lorenz
5. Auflage, Serie Piper 289, München 1986

Die Psychotherapie in der Praxis
Eine kasuistische Einführung für Ärzte, 5. Auflage
Serie Piper 475, München 1986
»... das psychotherapeutische Brevier eines Praktikers, der sich nicht scheut,
die Tatsachen über die Autoritäten zu stellen.«
                    »Zentralblatt für die gesamte Neurologie und Psychiatrie«

Die Sinnfrage in der Psychotherapie
Serie Piper 214, 2. Auflage, München 1985
»Ich glaube, daß die Arbeiten von Frankl der wichtigste Beitrag zur Psycho-
therapie seit Freud sind.«   Professor Dr. F. Hoff in »Therapiewoche«

Ärztliche Seelsorge
Grundlagen der Logotherapie und Existenzanalyse, 13., ergänzte Auflage
Deuticke, Wien, und Fischer, Frankfurt am Main 1985
»Perhaps, the most significant thinking since Freud and Adler.«
                    »The American Journal of Psychiatry«

... trotzdem Ja zum Leben sagen
Ein Psychologe erlebt das Konzentrationslager, 11. Auflage
(Eine Sonderausgabe für den Deutschunterricht an japanischen Schulen erschien
in Tokyo)
dtv 10023, München 1986
»Dieses meisterhafte Werk gehört zum kostbaren Bestand jener säkularen
Literatur, in der Grundwahrheiten unseres Jahrhunderts manifest werden.«
                    »Deutschland-Berichte«
»... kann zu dem Schönsten und Zartesten deutscher Prosa gezählt werden.«
                    »Geist und Leben«

Der Wille zum Sinn
Ausgewählte Vorträge über Logotherapie, 3., erweiterte Auflage
Huber, Bern/Stuttgart/Wien 1982
»Vollgepackt mit empirischen Ergebnissen – in einer gut lesbaren und verständ-
lichen Sprache verfaßt – eine Seltenheit bei wissenschaftlicher Literatur.«
                    »Die Tat«

Der unbewußte Gott
Psychotherapie und Religion, 8. Auflage
Kösel-Verlag, München 1985

Der leidende Mensch
Anthropologische Grundlagen der Psychotherapie, 2. Auflage
Huber, Bern 1984

Psychotherapie für den Laien
Rundfunkvorträge über Seelenheilkunde, 11. Auflage
Herderbücherei 387, Freiburg 1984

»Die Darstellungen sind in allgemeinverständlicher Form gehalten, ohne die eigene Schulrichtung in den Vordergrund zu rücken.«
»Psychologie und Praxis«

»In diesem Bande sind im besten Sinne allgemeinverständliche Rundfunksendungen des weltbekannten Wissenschaftlers sehr glücklich zusammengestellt. Sie vermitteln nicht nur ohne jede Effekthascherei Einblick in die moderne Psychiatrie; der Band enthält auch echte Lebenshilfe für fragende, suchende, leidende Menschen.«
»Die Zeit im Buch«

Theorie und Therapie der Neurosen
Einführung in Logotherapie und Existenzanalyse, 5., erweiterte Auflage
UTB 457, München 1983

»Frankls blendende Diktion und die reiche Kasuistik aus eigener Praxis und der seiner Schüler in Europa und Übersee machen die Lektüre des Buches zum Vergnügen.«
»Österreichische Krankenhaus-Zeitschrift«

Das Leiden am sinnlosen Leben
Psychotherapie für heute, 9. Auflage
Herderbücherei 615, Freiburg 1985

»Dieser Band ist so dicht, so erfüllt von glühendem Humanismus, so reich an Dokumentation, und seine kritischen Stellungnahmen sind so besonnen, daß er minutiös gelesen zu werden verdient, Seite für Seite.«
»Annales médico-psychologiques«

Man's Search for Meaning
An Introduction to Logotherapy, 74. Auflage
Simon and Schuster, New York 1985

»I regard this book as one of the outstanding contributions to psychological thought in the last fifty years.«
Professor Dr. Carl R. Rogers

Psychotherapy and Existentialism
Selected Papers on Logotherapy, 12. Auflage
Simon and Schuster, New York 1985

The Will to Meaning
Foundations and Applications of Logotherapy, 9. Auflage
New American Library, New York 1984

The Unheard Cry for Meaning
Psychotherapy and Humanism, 8. Auflage
Simon and Schuster, New York 1985

Individuum und Gesellschaft

Silvano Arieti
Schizophrenie
Ursachen, Verlauf, Therapie, Hilfen für Betroffene.
Vorwort von Asmus Finzen. 1985. 252 Seiten. Kt.

Thea Bauriedl
Die Wiederkehr des Verdrängten
Psychoanalyse, Politik und der Einzelne.
1986. 250 Seiten. Kt.

Bruno Bettelheim
Gespräche mit Müttern
7. Aufl., 32. Tsd. 1985. 234 Seiten. Serie Piper 155

Bruno Bettelheim/Daniel Karlin
Liebe als Therapie
Gespräche über das Seelenleben des Kindes.
2. Aufl., 14. Tsd. 1984. 256 Seiten. Serie Piper 257

Norbert Bischof
Das Rätsel Ödipus
Die biologischen Wurzeln des Urkonfliktes von Intimität und Autonomie.
1985. 624 Seiten mit 400 Abb. Leinen

Wege zum Sinn
Logotherapie als Orientierungshilfe. Für Viktor E. Frankl. Hrsg. von Alfred Längle.
1985. 215 Seiten. Serie Piper 387

Dr. med. Monika Gerlinghoff
Magersüchtig
Eine Therapeutin und Betroffene berichten.
Vorwort von Detlev Ploog. 1985. 173 Seiten. Kt.

Carol Gilligan
Die andere Stimme
Lebenskonflikte und Moral der Frau. 1984. 222 Seiten. Kt.

PIPER

Individuum und Gesellschaft

Albert Görres
Kennt die Psychologie den Menschen?
Fragen zwischen Psychotherapie, Anthropologie und Christentum.
1986. 270 Seiten. Serie Piper 490

Eva Jaeggi/Walter Hollstein
Wenn Ehen älter werden
Liebe, Krise, Neubeginn.
4. Aufl., 27. Tsd. 1986. 311 Seiten. Kt.

Louise J. Kaplan
Die zweite Geburt
Die ersten Lebensjahre des Kindes. Nachwort von M. S. Mahler.
Hrsg. von R. Fatke. 4. Aufl., 21. Tsd. 1986. 257 Seiten. Serie Piper 324

Paul Mattussek
Kreativität als Chance
Der schöpferische Mensch in psychodynamischer Sicht.
3. Aufl., 23. Tsd. 1979. 337 Seiten

Alexander Mitscherlich
Auf dem Weg zur vaterlosen Gesellschaft
Ideen zur Sozialpsychologie.
16. Aufl., 116. Tsd. 1986. 400 Seiten. Serie Piper 45

Alexander Mitscherlich
Der Kampf um die Erinnerung
Psychoanalyse für fortgeschrittene Anfänger.
2. Aufl., 27. Tsd. 1984. 259 Seiten. Serie Piper 303

Alexander und Margarete Mitscherlich
Die Unfähigkeit zu trauern
Grundlagen kollektiven Verhaltens.
18. Aufl., 161. Tsd. 1986. 383 Seiten. Serie Piper 168

PIPER

Individuum und Gesellschaft

Margarete Mitscherlich
Das Ende der Vorbilder
Vom Nutzen und Nachteil der Idealisierung.
2. Aufl., 10. Tsd. 1980. 218 Seiten. Serie Piper 183

Jörg Kaspar Roth
Hilfe für Helfer: Balint-Gruppen
2. Aufl., 8. Tsd. 1985. 179 Seiten. Serie Piper 389

Paul Watzlawick
Anleitung zum Unglücklichsein
19. Aufl., 348. Tsd. 1985. 132 Seiten. Geb.
»Ein geistreiches, witziges und psychologisch fundiertes Buch.«
Der Tagesspiegel

Paul Watzlawick
Wie wirklich ist die Wirklichkeit?
Wahn – Täuschung – Verstehen
14. Aufl., 100. Tsd. 1986. 252 Seiten mit 17 Abbildungen. Serie Piper 174

Daniel Widlöcher
Die Depression
Logik eines Leidens – psychoanalytisch, biologisch, historisch, sozial.
Aus dem Franz. von Hainer Kober. 1986. 236 Seiten. Kt.

Die erfundene Wirklichkeit
Wie wissen wir, was wir zu wissen glauben?
Beiträge zum Konstruktivismus.
Herausgegeben und kommentiert von Paul Watzlawick.
3. Aufl., 23. Tsd. 1985. 326 Seiten mit 31 Abbildungen. Serie Piper 373

Dieter E. Zimmer
Die Vernunft der Gefühle
Ursprung, Natur und Sinn der menschlichen Emotion.
2. Aufl., 10. Tsd. 1984. 272 Seiten. Serie Piper 227

PIPER

Offene Gesellschaft –
offenes Universum

Franz KREUZER
im Gespräch mit Karl R. POPPER

Aus Anlaß des 80. Geburtstages
des großen österreichischen Philosophen

Format: 13 x 20,5 cm
120 Seiten
Kartoniert
ISBN 3 7005 4449 9
öS 158,–
DM 19.80
sfr 16,30

Anläßlich des 80. Geburtstages des großen österreichischen, in England geadelten Philosophen Sir Karl Popper veröffentlicht der Deuticke Verlag den Abdruck des zweiteiligen Gesprächs, das Franz Kreuzer im Sommer 1979 in Alpbach mit Karl Popper führte und das, nach der Ausstrahlung im Herbst desselben Jahres im Österreichischen Fernsehen, durch zwei weitere Gespräche wesentlich ergänzt wurde (die ergänzenden Teile wurden dem Sinn entsprechend in den Gesprächsverlauf eingefügt). Ferner fand die Rede über Toleranz, die Popper 1981 anläßlich der Verleihung des Dr.-Leopold-Lucas-Preises in Tübingen hielt und die in adaptierter Form Höhepunkt des Toleranzgesprächs in der Alten Universität in Wien im Frühjahr 1982 war, Aufnahme in den Band. (Die einzelnen Dialoge wurden frei geführt, die Antworten entspringen der Intuition des Gesprächsverlaufs. Die Zwischentitel wurden bei der Redaktion des Manuskripts eingefügt, die Antworten in den Druckfahnen von Karl Popper stilistisch redigiert und inhaltlich geringfügig ergänzt.)

Thema des Gesprächs ist das gesamte Lebenswerk Poppers. Innerhalb dieses wird vorerst der für Politik und Gesellschaftskritik relevante Teil der Popperschen Philosophie in Erinnerung gebracht, der, von Anfang an unter einem erkenntnis- und wissenschaftstheoretischen Aspekt stehend, bereits im Jahre 1919 zu einer Kritik am Marxismus und, später, am „Historizismus" führte.

Erkenntnistheorie und Wissenschaftstheorie bilden durchgehendes Element der Popperschen Philosophie. Unter Einbeziehung der Evolutionstheorie und insbesondere der Evolutionären Erkenntnistheorie zeigt Karl Popper einen Kosmos, in dem es keine Bestätigung von Wahrheiten, sondern nur Widerlegung von Irrtümern gibt.

Franz Deuticke